AF596757

LISTE

PAR ORDRE ALPHABÉTIQUE

DES

PRINCIPAUX NÉGOCIANS,

MARCHANDS, FABRICANS,

EMPLOYÉS ET PROPRIÉTAIRES

DE LA VILLE DE METZ,

AU 1.er JANVIER 1829.

A.

MM.

Adam, ❋, capitaine retraité, rue Saint-Georges, n. 10.
Adam, employé des domaines, rue Vieille-Boucherie, n. 15.
Adam, pharmacien, rue du Pont-Saint-Georges, n. 14.
Adam-Steine (Nicolas), rentier, rue des Allemands, n. 45.
Adde, bijoutier, rue Fournirue, n. 57.
Adnet, employé chez le payeur de la guerre, rue des Clercs, n. 24.
Aertz, ancien négociant, rue des Clercs, n. 11.
Agnan, marchand de planches, rue des Roches, n. 23.
Aimé, conservateur des modèles de l'Ecole de l'artillerie et du génie, rue Serpenoise, n. 24.
Alavène, ❋, chef de bataillon de la garde nationale, place de la Comédie, n. 6.
Albert, horloger, quai Saint-Pierre, n. 8.
Albert, rentier, rue des Jardins, n. 16.
Albert, rentier, rue Pierre-Hardie, n. 2.
Alexandre, curé de Saint-Maximin, rue Mazelle, n. 39.
Alexandre, ancien contrôleur de la marque d'or, rue Fournirue, n. 64.
Allemand, boucher, rue Saint-Ferroy, n. 17.

Almacher, ⁂, ancien chef de bataillon en retraite, rue Pont-à-Seille, n. 1.
Amat, ⁂, docteur-médecin, rue du Heaume, n. 2.
Amblard père, propriétaire, place Saint-Jacques, n. 1.
Amblard fils aîné, épicier, place Saint-Jacques, n. 1.
Amblard, ancien ébéniste, rue des Parmentiers, n. 8.
Amyot, ancien notaire, rue des Récollets.
Ancillon, propriétaire, rue des Parmentiers, n. 4.
Ancillon (M.me), rentière, rue des Parmentiers, n. 4.
André, notaire, place Saint-Louis, n. 52.
André, ébéniste, rue Taison, n. 21.
André père, ancien notaire, place Saint-Louis, n. 52.
Angevelle, fontainier, rue Goussaud, n. 6.
Anspach (Joël), marchand de laine, rue Saint-Georges, n. 17.
Anspach (Mayer), rentier, rue des Grands-Carmes, n. 14.
Antoine, ⁂, capitaine retraité, rue du Heaume, n. 14.
Antoine frères, brasseurs, rue de la Fontaine, n. 21.
Antoine-Fousse, libraire, rue Fournirue, n. 48.
Ardant, officier-général du génie en retraite, rue de la Crête, n. 1.
Arel, ⁂, capitaine retraité, rue Saint-Marcel, n. 35 et 37.
Arlé, ⁂, ⁂, chef de bataillon en retraite, rue de la Chèvre, n. 26.
Arnould, propriétaire, place de Chambre, n. 9.
Arnould, rentier, rue de la Gendarmerie, n. 3.
Arnould (M.me veuve), propriétaire, rue Mazelle.
Aubert, commissionnaire de roulage, rue des Clercs, n. 30.
Aubertin, chef de bureau à la préfecture, rue Haute-Pierre, n. 2.
Aubertin, associé de M. Chedeaux, rue Serpenoise, n. 15.
Aubertin, marchand de vins, rue Mazelle, n. 37.
Aubertin aîné, tanneur, rue Saulnerie, n. 67.
Aubertin, drapier, rue du Pont-Moreau, n. 2.
Aubertin, huilier, place des Charrons, n. 29.
Aubertin, traiteur, rue d'Estrées, n. 14.
Aubertin (Claude), rentier, rue Chaplerue, n. 24.
Aubertin (Jacques), rentier, rue Saint-Marcel, n. 27.
Auburtin aîné, chef de bureau à la direction des contributions directes, rue des Parmentiers, n. 10.
Auburtin, hôtel de Londres, rue au Blé.
Auburtin (Charles), propriétaire, place Saint-Louis, n. 21.
Auburtin (Louis), rentier, place Saint-Louis, n. 19.
Auburtin, vitrier, rue du Palais, n. 15.
Auburtin, ancien négociant, rue Mazelle, n. 88.
Auburtin, marchand-chapelier, rue Fournirue, n. 58.
Auburtin (Charles), pâtissier-traiteur, rue Tête-d'Or, n. 23.
Auburtin, perruquier, place de Chambre, n. 55.
Aubry, avoué, rue Serpenoise, n. 22.

Auclaire, contrôleur des contributions indirectes, rue du Haut-Poirier, n. 2.
Audy, marchand-tailleur, rue Pierre-Hardie, n. 2.
Axel, ancien médecin, rue Jurue, n. 27.

B.

Baillard père, restaurateur, rue Haute-Pierre, n. 16.
Baillard fils, employé des ponts et chaussées, rue Haute-Pierre, n. 16.
Balçon (M.lles), maîtresses de pension, rue de la Paix, n. 2.
Baligand, rentier, rue Serpenoise, n. 3.
Baratte, voiturier, place de la Comédie, n. 7.
Barbier, officier supérieur en retraite, rempart Serpenoise, n. 19.
Barbier, capitaine d'artillerie retraité, rue Mazelle, n. 14 et 16.
Barbier, horloger, rue Pierre-Hardie, n. 6.
Barbier, carrossier, place de Chambre, n. 6.
Bareaux (Frédérick), rentier, rue des Allemands, n. 30.
Bardelle, carrossier, place de Chambre, n. 47.
Bardin, ⁂, professeur à l'Ecole d'artillerie, rue de la Cathédrale, n. 2.
Barillot, fabricant de cannes, rue des Jardins, n. 22.
Barrault, ancien notaire, quai Saint-Pierre, n. 15 *bis*.
Barrault, capitaine retraité, rue Vieille-Boucherie, n. 2.
Barrey, capitaine pensionné, écrivain public, rue de l'Arsenal, n. 48.
Barte, ⁂, ⁂, ancien sous-intendant militaire, rue Chaplerue, n. 8.
Barte (Charles), employé aux domaines, rue Chaplerue, n. 8.
Barte (Félix), rentier, rue de la Cathédrale, n. 1.
Barthélemy, médecin retraité, rue Boucherie-Saint-Georges, n. 8.
Barthelemy, amidonnier, rue Chambière, n. 45.
Barthélemy, avocat, place Saint-Louis, n. 32.
Barthélemy-Desjardins, négociant, rue du Pont-Moreau, n. 1.
Barthelemy (Placide), fabricant de draps, rue des Bénédictins, n. 2.
Barthelemy (Pierre), amidonnier, rue Chambière, n. 45.
Barthelemy, menuisier, rue Mabile, n. 20.
Barthélemy, avocat, place Saint-Louis, n. 32.
Barthelet, capitaine retraité, rue Mazelle, n. 72.
Bastien, ⁂, ancien capitaine d'artillerie, rue Saint-Georges, n. 10.
Bastien, O. ⁂, ancien capitaine d'inf.rie, rue du Pont-St.-Georges.
Bastien, propriétaire, rue Vincentrue, n. 12.
Bastien, boulanger, rue Vigne-Saint-Avold, n. 4.
Bastien, rentier, quai Saint-Pierre, n. 17.
Bastien (Charles), rentier, rue Chandelrue, n. 1.
Bastien (J.-Louis), serrurier, rue Chandelrue, n. 1.
Bastien fils, serrurier-mécanicien, rue Chandelrue, n. 1.
Bastien, marchand-plombier, rue des Clercs, n. 5.
Bastien, épicier, rue des Allemands, n. 33.

Bathias, cafetier, rue du Pont-Sailly, n. 4.
Bauche, employé à l'Ecole du génie, rue Haute-Pierre, n. 1.
Baucheaux, capitaine retraité, rue des Allemands, n. 35.
Baudart, ✻, ✻, chef de bataillon d'artillerie, rue du Pont-Saint-Marcel, n. 4.
Baudinet, rentier, rue Saint-Georges, n. 10.
Baudot-Leblanc, corroyeur, rue Boucherie-Saint-Georges, n. 9.
Baudouin, ✻, chef de bataillon de la garde nationale, rue des Prisons-Militaires, n. 10.
Baudouin, greffier du juge de paix du 1.er canton, rue du Grand-Cerf, n 12.
Baudouin, fabricant-chapelier, place Saint-Louis, n. 12.
Baudouin (Mathieu), marchand d'étoffes, place Saint-Jacques, n. 8.
Baudouin-Pinet, bijoutier, rue Fournirue, n. 7.
Baudron, rentier, rue Saint-Marcel, n. 32.
Baume, O ✻, colonel retraité, rue des Grands-Carmes, n. 14.
Baumel, capitaine pensionné, rue de l'Arsenal, n. 99.
Bauquel, avocat, rue du Lancieu, n. 2.
Bayart, garde-magasin de l'habillement, au ci-devant couvent des Ursulines, rue Saint-Marcel.
Bagger, ✻, chef d'escadron en retraite, rue de la Haie, n. 1.
Bayet, tanneur, rue du Champé, n. 6.
Bazelaire (De), propriétaire, rue du Porte-Enseigne, n. 10.
Bazin, marchand-tailleur, place de Chambre, n. 55.
Bazin, huissier, place Chappé, n. 5.
Beauchat, charcutier, rue des Allemands, n. 20.
Beauchot, chandelier, rue du Porte-Enseigne, n. 21.
Beaudin, mathématicien à l'Ecole du génie, place de la Cathédrale, n. 9.
Beaudouin, arpenteur, rue de la Fontaine, n. 1.
Beaudouin, boulanger, rue des Jardins, n. 27.
Beaudesson, conseiller à la Cour royale, rue du Four-du-Cloître, n. 11.
Beauny, ancien employé des contributions, rue Serpenoise, n. 12.
Beaussire (De), chanoine, rue des Trois-Boulangers, n. 4.
Beaussire (De), inspecteur des forêts, rue des Prêcheresses, n. 3.
Beaussire, ✻, colonel d'artillerie, rue Sur-les-Murs, n. 1.
Beausire, capitaine d'artillerie, rue de la Paix.
Beauzin, traiteur, place de Chambre, n. 11.
Becker, O ✻, colonel retraité, rue du Rempart, n. 7.
Becker, quincaillier, rue du Petit-Paris, n. 9.
Becker, marchand de toiles, rue des Allemands, n. 59.
Bécœur fils, plâtrier, rue Saint-Arnould, n. 13.
Bedonnier, cordonnier, rue Vieille-Boucherie, n. 16.
Begay, employé à la recette générale, place Saint-Louis, n. 63.

Bégin (J.-B.), propriétaire, rue Saint-Arnould, n. 13.
Bégin, rentier, place de la Cathédrale, n. 5.
Belchamp (De), propriétaire, rue des Grands-Carmes, n. 13.
Belliéni, opticien, rue Fournirue, n. 6.
Bello, inspecteur de la loterie, rue du Haut-Poirier, n. 6.
Bellossat, ⁂, ⁂, capitaine retraité, rue du Porte-Enseigne, n. 18.
Bellot, ⁂, capitaine retraité, rue des Récollets, n. 4.
Belot père, propriétaire, rue Jurue, n. 17.
Bélot aîné, avocat, rue Jurue, n. 17.
Bélot jeune, avocat, rne Jurue, n. 17.
Beneton, capitaine pensionné, rue Vincentrue, n. 4.
Beneyton, ⁂, directeur des vivres, rue Mazelle, n. 35.
Benjamin, marchand de meubles, rue Neuve-Saint-Louis, n. 2.
Benjamin (Michel), rentier, rue de l'Arsenal, n. 47.
Benninger, rentier, rue du Moyen-Pont, n. 5.
Benoît, peintre-décorateur, place Saint-Simplice, n. 24.
Ber, professeur d'écriture, rue du Pont-Saint-Georges, n. 5.
Ber (Isaac-Moïse), commissionnaire à l'étranger, rue Saint-Arnould, n. 5.
Bérard, hôtel du Lion-d'Or, place de Chambre, n. 7.
Berga, notaire, rue Nexirue, n. 7.
Berger, directeur des domaines, rue des Parmentiers, n. 6.
Berger, ancien officier, rue des Clercs, n. 16.
Berger, inspecteur des domaines, rue Mazelle, n. 47.
Berger, employé à l'Ecole du génie, rue Haute-Pierre, n. 1.
Bergery, ⁂, professeur à l'Ecole régimentaire d'artillerie, place Sainte-Croix, n. 1.
Berlandier, ⁂, ⁂, major du génie en retraite, rue de la Crête, n. 11.
Bernard, ⁂, capitaine en retraite, place Saint-Louis, n. 19.
Bernard, boulanger, place Saint-Martin, n. 3.
Bernard (Moïse), chirurgien-dentiste, place de la Cathédrale, n. 2.
Bernard, tanneur, rue Saulnerie, n. 27.
Bernard, cafetier, rue des Allemands, n. 77.
Bernard (J.-N.), épicier, rue des Allemands, n. 49.
Bernard, épicier, rue Chambière.
Bernel, rentier, rue Taison, n. 33.
Bernutz, malletier, rue du Petit-Paris, n. 5.
Berr, médecin, rue du Change, n. 16.
Berrenger, marchand de toiles peintes, rue Fournirue, n. 41.
Berrod frères, marchands de rubannerie, place de Chambre, n. 39.
Berteaux, inspecteur des contributions, rue des Clercs, n. 27.
Bertin, ⁂, O. ⁂, chef d'escadron retraité, rue Vincentrue, n. 17.
Bertin, ancien capitaine, rue de la Chèvre, n. 22.
Berton frères, instituteurs, rue Tête-d'Or, n. 29.
Bertrand, ingénieur de la ville, rue Pierre-Hardie, n. 1.

Bertrand, officier retraité, rue des Récollets, n. 2.
Bertrand, peintre en miniature, rue du Petit-Paris, n. 9.
Bertrand, professeur de musique, place Saint-Jacques, n. 12.
Bertrand, boulanger, rue Chambière, n. 7.
Berviller, pharmacien, rue Fournirue, n. 16.
Besser (M.me veuve), rentière, rue du Grand-Cerf, n. 9.
Besser-Breton, ✠, capitaine d'artillerie, rue des Prêcheresses, n. 20.
Besson (M.gr), évêque de Metz, à l'Evêché, place Sainte-Glossinde, n. 15.
Bettinger, ✠, ancien sous-intendant militaire, rue Vincentrue, n. 6.
Bettinger, chef de bataillon retraité, rue des Allemands, n. 23.
Beuré, employé à l'Ecole du génie, rue Haute-Pierre, n. 1.
Beurthe, épinglier, rue des Jardins, n. 26.
Beurthe, épinglier, place Saint-Louis, n. 55.
Beuvelot, rentier, rue des Parmentiers, n. 12.
Beyerlé, propriétaire, rue des Allemands, n. 47.
Bhême, rentier, place Saint-Simplice, n. 22.
Bicquelley, vérificateur des domaines, place Saint-Simplice, n. 14.
Bienaîmé, magasinier, rue Tête-d'Or, n. 33.
Bigarel, capitaine du train du génie, à l'Arsenal du Génie.
Bigour, ✠, capitaine retraité, rue Mazelle, n. 91.
Billaudel (Prosper), avocat, rue du Heaume, n. 8.
Billy, confiseur, rue Fournirue, n. 46.
Bing, avoué, quai Saint-Pierre, n. 19.
Bing (Moïse-Joseph), rentier, rue de l'Arsenal, n. 77.
Bing (Samuel), rentier, rue de l'Arsenal, n. 118.
Bing (Jacob), orfèvre, rue Tête-d'Or, n. 3.
Bing, capitaine d'artillerie, quai Saint-Pierre, n. 19.
Bixheim (Jacob), miroitier, marchand de meubles, rue Neuve-Saint-Louis, n. 2.
Bize (M.lle), modiste, place Saint-Jacques, n. 32.
Blanchet, plumassier, rue de la Crête, n. 15.
Blair (De), rentier, rue des Prêcheresses, n. 9.
Blaize (Fr.), marchand de fer et chiffons, rue des Allemands, n. 80.
Blaize (Jean), rentier, rue des Allemands, n. 14.
Blaize, grainetier, place des Charrons, n. 33.
Blondin (Pierre-Dominique), banquier, rue des Clercs, n. 19.
Blondin père, greffier du tribunal de commerce, place du Pont-Sailly, n. 24.
Blondin fils aîné, entrepreneur de bâtimens, rue de la Haie, n. 4.
Blondin (H.-J.-Ferdinand), agent de change, rue des Clercs, n. 1.
Blouet, serrurier, rue Sainte-Marie, n. 9.
Bodart, garde-magasin des lits militaires, à Saint-Clément, rue du Pontifroy.
Bodart (Nicolas), quincaillier, rue Tête-d'Or, n. 5.

Boileau, receveur de loterie, rue du Petit-Paris, n. 4.
Boissonnau de Chevigny, propriétaire, rue des Trois-Boulangers, n. 9.
Boissy, ✱, O. ✱, capitaine du génie, place Saint-Louis, n. 48.
Bolli, fabricant de draps, rue aux Ours, n. 5.
Bolsinger, ✱, ✱, capitaine d'artillerie, place Saint-Thiébault, n. 29.
Bompart (Barthélemy), rentier, place de Chambre, n. 33.
Bompard (Victor), marchand de draps, rue du Plat-d'Etain, n. 10.
Bompard père, rentier, rue du Palais, n. 17.
Bompart (Barthelemy), marchand de draps, rue du Petit-Paris, n. 1.
Bonafosse de la Tour, ✱, O. ✱, chef d'état-major de la garde royale, rue des Prêcheresses, n. 2.
Bonino, ✱, capitaine retraité, rue des Clairvaux, n. 3.
Bonnard, capitaine pensionné, rue de la Crête, n. 15.
Bonne dit Malandy, capitaine retraité, rue Saint-Georges, n. 6.
Bonnette, maître-couvreur, rue Chaplerue, n. 38.
Bonny (De), rentier, place Saint-Vincent, n. 7.
Bouchain, vinaigrier, rue du Pontifroy, n. 16.
Boucheporn (De), ✱, sous-inspecteur de la loterie, rue des Antonistes, n. 4.
Boucher, propriétaire, rue du Pont-Saint-Georges, n. 4.
Boucher de Rolcourt, rentier, rue Saint-Louis, n. 13.
Bordier, aumônier des sœurs de Sainte-Chrétienne, rue Saint-Gengoulf, n. 19.
Borius, fabricant de peignes, rue Mazelle, n. 11.
Boucherat, propriétaire, ancien receveur de la ville, rue Saint-Marcel, n. 30.
Boucher, rentier, rue du Pont-Saint-Georges, n. 4.
Bouchez, conservateur des hypothèques, rue de la Haie, n 6.
Bouchon aîné, conseiller à la Cour royale, rue des Antonistes, n. 8.
Bouchotte (Emile), propriétaire, rue des Prêcheresses, n. 8.
Bouchotte (Mme veuve), propriétaire, rue des Prêcheresses, n. 8.
Bouchotte, O. ✱, lieutenant-colonel en retraite, rue aux Ours, n. 5.
Bouchotte, facteur de la poste aux lettres, rue Coislin, n. 8.
Bouchotte, rentier, place de Chambre, n. 9.
Bouchy, boulanger, rue Fournirue, n. 61.
Bouchy, rentier, rue de la Chèvre, n. 40.
Bouchy, cordeleur, rue Taison, n. 8.
Bourdelois (Mme), rentière, rue des Trois-Boulangers, n. 2.
Bourdelois, substitut du procureur général, rue des Trois-Boulangers, n. 2.
Boudin, peintre, place de la Comédie, n. 6.
Boudin, officier de santé, rue des Grands-Carmes, n. 25.
Boudin, capitaine retraité, rue des Grands-Carmes, n. 25.
Bouland père, agent général de la compagnie d'assurance royale contre l'incendie, rue du Pontifroy, n. 64.

Bouland fils, agent géner de la compagnie royale d'assurance contre l'incendie, rue du Pontifroy, n. 64.
Boulanger, horloger, rue du Pont-des-Morts, n. 21.
Boulanger, avocat, rue de la Bonne-Ruelle, n. 1.
Boulanger, aumônier de la Maternité, rue Mazelle, n. 36 *bis*.
Boulet, ✠, capitaine retraité, rue Vigne-Saint-Avold, n. 37.
Boulet, propriétaire du moulin à vapeur, rue Cambout, n. 19.
Bourdon, garde-magasin du timbre, rue du Change, n. 22.
Bourgeois, tonnelier, place Saint-Simplice, n. 24.
Bourgeois (M.lle), rentière, rue de l'Esplanade.
Bourguignon, maître de tenue de livres, rue Fontaine-Saint-Jacques, n. 2.
Bourguignon, employé à l'Ecole du Génie, rue Haute-Pierre, n. 1.
Bourguignon, rentier, rue Chaplerue, n. 32.
Bournac, employé de la préfecture, rue du Faisan, n. 6.
Boursier (M.me), rentière, rempart Serpenoise, n. 19.
Bousson, bourrelier, rue du Pontifroy, n. 93.
Boutefroy, relieur, rue du Porte-Enseigne, n. 13.
Bouttemy, armurier, rue du Pontifroy, n. 35.
Bouvier (François), voiturier, rue Saint-Clément, n. 13.
Bouvier (Nicolas), drapier, rue Saint-Clément, n. 14.
Braban, employé à l'octroi, place de la Comédie, n. 6.
Branvilliers (Lepetit de), rentier, rue du Pont-Moreau, n. 6.
Braun, négociant, rue du Haut-Poirier, n. 10.
Brasseur, commissaire-priseur, rue Jurue, n. 13.
Brasseur jeune, huissier, place de Chambre, n. 19.
Brault, ✠, docteur en médecine, rue du Vivier, n. 1.
Brazier, courtier de roulage, rue des Roches, n. 5.
Brazy (M.lle), propriétaire, rue de l'Esplanade, n. 20.
Brazy (De Montois), ancien colonel de cavalerie, rue de l'Esplanade, n. 20.
Breton, rentier, rue du Lancieu, n. 9.
Bression, propriétaire, rue Sainte-Marie, n. 4.
Brezol, orfèvre, rue du Change, n. 2.
Briam, garde-magasin du Mont-de-piété, rue Chèvremont, n. 1.
Briard, avoué, rue du Heaume, n. 7.
Bricourt, ✠, capitaine retraité, rue de l'Épaisse-Muraille, n. 5.
Bride, cafetier, place de l'Hôtel-de-Ville, n. 7.
Brifaut, fils aîné, marchand de meubles, rue de la Chèvre, n. 32.
Brifflot, premier commis à la mairie, place de la Comédie, n. 6.
Brignon, chef de bataillon pensionné, rue Boucherie-Saint-Georges, n. 17.
Brion (Dominique), rentier, rue Vincentrue, n. 7.
Brion (veuve), brasseur, place Croix-outre-Moselle, n. 16.
Brion, marchand de vins en gros, rue du Champé, n. 35.

Brion, charron, place de l'Abreuvoir, n. 8.
Brisac (Moïse-Mayer), marchand d'étoffes, rue de l'Arsenal, n. 85.
Brosset, ☼, O.☼, lieuten.-colonel en retraite, rue Fournirue, n. 31.
Broutière, ☼, capitaine en retraite, rue Saint-Médart, n. 9.
Brulé, huissier, rue Bonne-Ruelle, n. 19.
Bruno (De), ☼, C. ☼, maréchal-de-camp, rempart Saint-Thiébault, n. 8.
Brunville (De Flandre), conseiller à la Cour royale, rue Fournirue, n. 15.
Brusseaux (M.me veuve), pelletière, place Saint-Jacques, n. 2.
Bruyik, ☼, capitaine retraité, rue de la Haie, n. 5.
Bry-d'Arcy, ☼, agent de change, rue de la Haie, n. 6.
Buisson, garde-magasin des fourrages, au magasin du Fort.
Buck, fabricant de broderies, place des Charrons, n. 6.
Buffet, chaufournier, place Saint-Louis, n. 38.
Bulotte, ☼, lieutenant-colonel en retraite, rue Saint-Marcel, n. 34.
Bultingaire (Etienne), marchand-épicier, rue Fournirue, au coin de celle de la Chèvre, n. 1.
Bultingaire (Pierre), tanneur, rue Petite-Boucherie, n. 5.
Burtaire, épinglier, fabricant de tamis en métal, place Saint-Simplice, n. 14.
Burtaire, confiseur, rue du Pontifroy, n. 7.
Burtaire, huissier, rue Sainte-Marie, n. 24.
Burtin, pâtissier, rue Tête-d'Or, n. 17.
Burtin, rentier, place de Chambre, n. 13.
Burtin, marchand-faïencier, rue du Grand-Cerf, n. 13.
Busiène, drapier, rue Taison, n. 43.
Bussienne, pépiniériste, rue Derrière-Saint-Eucaire, n. 12.
Bussière, officier en retraite, place Saint-Simplice, n. 18.
Butin, rentier, rue Mazelle, n. 69.
Butte, marchand-épicier, place du Quarteau, n. 42.
Buyllard (Jacques), comptable du magasin d'habillement, rue Saint-Marcel, n. 33.
Buyllard (Charles), rentier, rue Saint-Marcel, n. 33.
Buzy, capitaine retraité, rue des Récollets, n. 10.
Buzy, taillandier, rue Cour-de-Ranzières, n. 4.

C.

Cadet, marchand de draps, rue Fournirue, n. 31.
Cadiat, serrurier, rue des Quatre-Maisons, n. 22.
Cadiat jeune, serrurier, rue de la Fontaine, n. 9.
Cahen (Bernard), boucher, place de Chambre, n. 5.
Cahen (Lion-Cerf), marchand d'étoffes, rue des Jardins, n. 4.
Cahen-Cerf (Joseph-Lion), propriétaire, rue Saint-Ferroy, n. 9.

Cahen-Bénel, rentier, rue de l'Arsenal, n. 92.
Cahen (Joseph), rentier, rue Saint-Ferroy, n. 2.
Cahen (Isaac), marchand d'étoffes, rue de l'Arsenal, n. 54.
Cahen-Cerf, marchand de chevaux, rue de l'Arsenal, n. 74.
Cahen (Joseph-Bernard), officier retraité, quai de l'Arsenal, n. 11.
Cahen (Jonas), instituteur, quai de l'Arsenal, n. 17.
Cahen (Olry-Salomon), propriétaire, rue de l'Arsenal, n. 15.
Cahen, marchand de grès, rue de l'Arsenal, n. 99.
Cahen (Nathan), marchand de chevaux, rue de la Gendarmerie, n. 2.
Cahen dit Nathan, marchand de chevaux, rue Saint-Arnould, n. 9.
Cahen, marchand de chevaux, rue des Clercs, n. 7.
Caillet (Charles), tanneur, rue Saulnerie, n. 79.
Cailloux, capitaine retraité, rue Fournirue, n. 35.
Cailly, ✱, O. ✱, chef de bataillon d'artillerie, place Sainte-Croix, n. 9.
Calas, officier retraité, rue Jurue, n. 23.
Camille, passementier, rue Fournirue, n. 1.
Cantagrelle, ✱, chef de bataillon en retraite, rue Haute-Pierre, n. 4.
Capiomont, ✱, O. ✱, chirurgien-major à l'Ecole royale spéciale de l'artillerie et du génie, rue de la Garde, n 4.
Capiomont père, ancien négociant, place de l'Hôtel-de-Ville, n. 17.
Capiomont (M.me v.e), épicière, place de l'Hôtel-de-Ville, n. 17.
Capiomont (Georges), ✱, médecin, rue des Capucins, n. 14 et 16.
Capuran, ✱, capitaine retraité, place Saint-Etienne, n. 16.
Carbeau (M.me veuve), rentière, rue de l'Esplanade, n. 8.
Carcassonne, rentier, rue de l'Arsenal, n. 50.
Carlier, rentier, rue Tête-d'Or, n. 31.
Caronty, opticien, rue du Petit-Paris, n. 2.
Caronty, rentier, rue du Petit-Paris, n. 2.
Carron, chirurgien, place de l'Hôtel-de-Ville, n. 9.
Cartellier, directeur des diligences royales, rue de la Cathédrale, n. 1.
Cartier, ✱, O. ✱, capitaine d'artillerie, rue Mazelle, n. 34.
Cavalo, fabricant de parapluies, rue Fontaine-Saint-Jacques, n. 5.
Cavelier, rentier, place de Chambre, n. 1.
Caye, boulanger, place Saint-Nicolas, n. 1.
Caye, luthier, place Saint-Jacques, n. 4.
Cenay, ✱, ✱, capitaine d'artillerie, place Saint-Thiébault, n. 29.
Cerf-Gaudchaux, agent de commerce, rue Fournirue, n. 66 et 68.
Cerfon, maître de pension, rue des Clercs, n. 3.
Chabert, chirurgien-major retraité, place de Chambre, n. 15.
Chambille, propriétaire, rue du Pont-Saint-Marcel, n. 2.
Chamburc, directeur de la poste, rue des Clercs, n. 28.
Champigneulle (J.-F. Joseph), apprêteur de draps, rue Saint-Georges, n. 9.
Champigneulle, tanneur, rue du Champé, n. 40.

Champigneulle-Woirhaye, drapier, rue Vincentrue, n. 2.
Champigneulle père, rentier, rue Mazelle, n. 3.
Champouillon, professeur de langues anciennes, rue des Jardins, n. 16.
Chapotot, ✠, commissaire des guerres retraité, rue des Allemands, n. 19.
Charette, ferblantier, rue du Pontifroy, n. 14.
Charmeil, ✠, docteur en médecine, rue de la Haie, n. 4.
Charon, ex-directeur des hôpitaux, rue Moyen-Pont, n. 9.
Charpentier, avocat, rue Nexirue, n. 7.
Charrier, receveur des domaines, rue Wad-Bouton, n. 7.
Charry, vicaire de Saint-Vincent, rue Saint-Georges, n. 7.
Charry, huilier, place Outre-Moselle, n. 22.
Charry (Jean-Pierre), chanoine-honoraire, rue de la Chèvre, n. 7.
Chartener, ✠, O. ✠, colonel de la garde nationale, rue des Capucins, n. 14 et 16.
Charuel, contrôleur des contributions directes, rue des Prisons-Militaires, n. 25.
Charuel (M.me veuve), propriétaire, rue des Prisons-Militaires, n. 25.
Chatel, avoué, place Saint-Jacques, n. 28.
Chatel aîné, huissier, place Sainte-Croix, n. 12.
Chaubry de Blotière, percepteur des contributions, rue des Prisons-Militaires, n. 10.
Chaudoreille, propriétaire, rue des Clercs, n. 36.
Chaumas, docteur en médecine, rue du Petit-Paris, n. 10.
Chaunez, ferblantier, rue Fournirue, n. 45.
Chautan de Vercly, propriétaire, rue de la Crête, n. 10.
Chazelles (De), rentier, place Saint-Martin, n. 2.
Chazelles de Sainte-Catherine, propriétaire, rue aux Ours, n. 12.
Chazelles de Lorry (M.me), propriétaire, place St.-Martin, n. 2.
Chedeaux, négociant, rue du Porte-Enseigne, n. 10.
Chénel, marchand de grains, place Saint-Louis, n. 41.
Chenot, tanneur, rue Saulnerie, n. 19.
Chérier, capitaine en retraite, rue du Grand-Cerf, n. 8.
Chéron, propriétaire, rue des Clercs, n. 1.
Chévigny, négociant, rue des Trois-Boulangers, n. 9.
Chevreuse, chimiste, rue Nexirue, n. 7.
Chevreux, receveur des contributions indirectes, rue du Champé, n. 35.
Chevreux, épicier en gros, rue Fournirue, n. 52.
Chir jeune, tailleur, rue de la Croix-de-Fer, n. 6.
Chirat, horloger, rue des Jardins, n. 34.
Cholet, capitaine en retraite, place Saint-Thiébault, n. 30.
Choné-Michel, fabricant de cruchons de grès, place Sainte-Croix, n. 8.
Christiann, menuisier, rue Sainte-Marie, n. 16.

Claudin, horloger, rue des Allemands, n. 30.
Clausse, ✠, capitaine retraité, rue Serpenoise, n. 21.
Clavé, rentier, rue de la Hache, n. 3.
Clément, ✠, ✠, chef d'escadron de la gendarmerie, hôtel de la Gendarmerie.
Clément, boulanger, place de Chambre, n. 27.
Clément, cordonnier pour femmes, rue du Palais, n. 11.
Clerc, receveur des contributions indirectes, rue Serpenoise, n. 2.
Clerc, ✠, ✠, chef de bataillon du génie, rue aux Ours.
Clerx, ✠, docteur en médecine, rue Châtillon, n. 11.
Coëtlosquet (M.me Du), propriétaire, rue du Grand-Cerf, n. 9.
Cocqvin de la Chardonnière, vérificateur de l'enregistrement et des domaines, n. 5.
Cognouil, coutelier du Roi, place du Quarteau, n. 38.
Colaine, médecin-vétérinaire, rue des Allemands, n. 55.
Colas, officier des actes civils, rue Mazelle, n. 44.
Colchen, O. ✠, président de la Cour royale, rue des Trinitaires, n. 14.
Colchen père, rentier, rue Coislin, n. 16.
Colchen fils (Victor), négociant en vins, rue de l'Abreuvoir-Saint-Louis, *.
Colchen, rentier, rue du Grand-Cerf, n. 12.
Colin, jardinier, rempart Saint-Vincent, n. 9.
Colin, marchand de poissons, rue des Roches, n. 13.
Colin, rentier, rue Nexirue, n. 4 et 6.
Colin, employé à la préfecture, rue des Allemands, n. 54.
Colin, boucher, rue du Faisan, n. 5.
Colle, ✠, ancien capitaine d'artillerie, rue de l'Esplanade, n. 14.
Collignon, imprimeur, rue des Clercs, n. 2.
Collignon, marchand de papiers, rue Fournirue, n. 15.
Collignon, avoué, rue Jurue, n. 6.
Collignon, pâtissier-traiteur, rue du Pont-des-Morts, n. 10.
Collignon (P.-F.), rentier, rue des Clercs, n. 19.
Collignon-Roussel, confiseur, rue des Petites-Tappes, n. 5.
Collin, charpentier, rue Vincentrue, n. 29.
Collin, épicier, rue du Porte-Enseigne, n. 16.
Collin-Combe (M.me), rentière, rue Nexirue, n. 7.
Colomb, inspecteur des poudres, rue Saint-Arnould, maison Dubalay.
Colson, brasseur, rue Vigne-Saint-Avold, n. 2.
Colson, traiteur, quai Saint-Louis, n. 2.
Colson, boucher, place Saint-Jacques, n. 27.
Conseil, avocat, place Saint-Louis, n. 8.
Corbassière aîné, horloger, rue du Palais.
Cordier, capitaine en retraite, rue du Grand-Cerf, n. 12.

Cordonnier, employé au tribunal de 1.re instance, rue Bonne-Ruelle, n. 11.
Cornélie, propriétaire, rue Chèvremont, n. 22.
Cornet (Mme veuve), hôtel de l'Europe, rue des Clercs, n. 4.
Coudenhove (Le comte de), ✠, ✠, capitaine de la gendarmerie, hôtel de la Gendarmerie.
Coullon (De), procureur du Roi, rue Châtillon, n. 2.
Courbay, officier retraité, rue des Clercs, n. 23.
Courcelles fils, rentier, rue aux Ours, n. 5.
Cournillon, ✠, ✠, capitaine-aide-de-camp, place Saint-Thiébault, n. 28.
Courtel, ✠, lieutenant-colonel retraité, rue du Heaume, n. 3.
Courten (De), propriétaire, rue du Haut-Poirier, n. 14.
Courtin, garde du génie, à la Citadelle.
Courtois, O. ✠, colonel en retraite, rue Saint-Georges, n. 3.
Craincourt, jaugeur, place de Chambre, n. 41.
Craincourt, jaugeur, rue Chèvremont, n. 7.
Créhange (Isidore), rentier, rue de l'Arsenal, n. 104.
Cremer, propriétaire, rue Saint-Marcel, n. 2.
Cressac (Baron de), ✠, ✠, ancien chef de bataillon du génie, rue d'Asfeld, n. 1.
Cridligs, pâtissier, place Outre-Moselle, n. 25.
Crosse, vicaire de Saint-Eucaire, rue des Allemands, n. 36.
Crosse (François), fabricant-chapelier, rue du Change, n. 12.
Crosse cadet, chapelier, rue Fournirue, n. 82.
Crosse (Antoine), fabricant-chapelier, rue du Change, n. 4.
Croute (De), ✠, ✠, capitaine-trésorier de la gendarmerie, hôtel de la Gendarmerie.
Crussius, fondeur, rue du Grand-Cerf, n. 2.
Cullet, ✠, capitaine retraité, rue Mazelle, n. 89.
Cunin, ancien avoué, rue Chèvremont, n. 6.
Cunin, sellier, rue Sainte-Marie, n. 14.
Cuny, garde des eaux et forêts, rue des Clercs, n. 7.
Cuny, rentier, rue de la Chèvre, n. 27.
Cuny, faïencier, place de l'Hôtel-de-Ville, n. 11.
Cuny, instituteur, rue de la Chèvre, n. 30.
Curé, inspecteur des pavés, rue des Grands-Carmes, n. 9.
Curé-Spol, quincaillier, place Saint-Jacques, n. 3.
Curel (De), (Alcibiade), ✠, capitaine d'infanterie, rue des Augustins, n. 12.
Curel (De), (Agathon), capitaine d'état-major, rue des Augustins, n. 12.
Curel, ✠, capitaine d'état-major, rue d'Asfeld, n. 4.
Curel (Mme veuve De), propriétaire, rue d'Asfeld, n. 4.
Cuvry-Chelincourt, propriétaire, rue des Allemands, n. 58.

D.

Dabry, huissier, rue Chaplerue, n. 32.
Dafflon de Champies, ✠, recev.r de la navigation, au port Chambière.
Daga, rentier, rue des Clercs, n. 24.
Daligny, officier de police, rue Boucherie-Saint-Georges, n. 18.
Dalsace (Marc), marchand de métaux, rue de l'Arsenal, n. 39.
Dalsace (Prosper), négociant, rue des Capucins, n. 10.
Dalsace, maître de langues, rue de la Fontaine, n. 11.
Daltein, chef d'escadron en retraite, quai Saint-Pierre, n. 13.
Dambrun, ✠, marchand de modes, rue des Tappes, n. 6.
Damel, marchand de vins, rue Saint-Clément, n. 3.
Damien, drapier, rue Vincentrue, n. 3.
Damien, rentier, rue du Pontifroy, n. 21.
Danel (veuve), marchande d'étoffes, rue Fournirue, n. 2.
Dangé, peintre en équipages, rempart Saint-Thiébault, n. 8.
Danger, marchand d'étoffes, place Saint-Jacques, n. 24.
Dantec, maître de pension, rue de la Glacière, n. 9.
Darandel, rentier, rue de Paris, n. 16.
Darblade, capitaine en non-activité, rue Jurue, n. 7.
Darbois, chef de la filature de coton, rue Saint-Vincent, n. 13.
Darbois, propriétaire, rue Chaplerue, n. 38.
Darbois (M.me veuve), propriétaire, rue Châtillon, n. 5.
Dardaine (Louis), serrurier, place Coquotte, n. 29.
Dardaine (Georges), propriétaire, place Coquotte, n. 29.
Dardar (Pierre), horloger, rue du Pontifroy, n. 76.
Dardar (Dominique), épicier, rue du Pontifroy, n. 76.
Dardard, facteur à la diligence royale, rue du Moyen-Pont, n. 2.
Dardare frères, maroquiniers, rue Saulnerie, n. 57.
Darras père, propriétaire, rue du Plat-d'Étain, n. 12.
Darras (J.-B.), potier d'étain, rue du Change, n. 15.
Darras fils, potier d'étain, rue du Plat-d'Étain, n. 12.
Dasnière de Carey, rentier, rue des Prêcheresses, n. 8.
Daubrée (M.me veuve), rentière, rue de la Paix.
Daumartin, rentier, rue des Parmentiers, n. 23.
Dauphin, O. ✠, chef de bataillon en non-activité, rue au Blé, n. 2.
Dauriet, rentier, rue de la Princerie, au Quartier-général.
David, O. ✠, lieutenant-colonel retraité, place Ste.-Croix, n. 8.
Davillé, menuisier-ébéniste, rue de la Cathédrale, n. 1.
Davillé (Gabriel), mégissier, rue du Pont-Sailly, n. 22.
Delclair, rentier, rue des Prêcheresses, n. 3.
Debonnet, officier retraité, place de Chambre, n. 39.
Deborgrave (le comte), capitaine retraité, place Ste.-Croix, n. 8.

Debrun, professeur à l'École royale du Génie, place Sainte-Glossinde, n. 9.
Debrye, juge, rue de la Crête, n. 5.
Decampariolle, ✻, O. ✻, colonel retraité, place Mazelle, n. 44.
Deck, conducteur des ponts-et-chaussées, rue des Clercs, n. 24.
Decoüet, rentier, rue Taison, n. 23.
Deflorenne père, propriétaire, rue du Petit-Paris, n. 5.
Deflorenne, cafetier, place du Quarteau, n. 25.
Deflorenne, ferblantier, place Saint-Jacques, n. 28.
Desgodins, avocat, rue du Faisan, n. 1.
Degrandvoir, officier retraité, rue des Clercs, n. 34.
Degrelle, employé au Cadastre, rue du Porte-Enseigne, n. 18.
Deguerchim, ✻, capitaine retraité, rue des Grands-Carmes, n. 15.
Déhaye, capitaine retraité, place Sainte-Croix, n. 10.
Dehorn, officier suédois, rue du Faisan, n. 2.
Deitz, épicier, rue Taison, n. 41.
Delacour, maître-tonnelier, rue des Trois-Boulangers, n. 1.
Delahaye, jaugeur juré, rue du Lancieu, n. 1.
Delanoue, colonel retraité, rue Fournirue, n. 52.
Delaunay, bourrelier, pont de la Préfecture, n. 12.
Delavigne, médecin, rue Taison, n. 52.
Delbosque père, magasin d'épicerie, rue du Palais, n. 8.
Delbosque fils aîné, épicier, place de la Cathédrale, n. 7.
Delbosque jeune, fabricant de brosses, rue Fournirue, n. 51.
Delcroix, banquier, rue aux Ours, n. 5.
Deleau, loueur de chevaux, place Saint-Simplice, n. 20.
Deliotos, ✻, colonel retraité, rue Saint-Georges, n. 17.
Delon, tripier, rue Vincentrue, n. 17.
Delormes, ✻, chef de bataillon en retraite, place Saint-Louis, n. 48.
Delourme, agent principal de l'assurance mutuelle contre la grêle, Pont-Saint-Georges, n. 16.
Delpierre, conseiller à la Cour, rue des Capucins, n. 14 et 16.
Demange, officier retraité, rue Saulnerie, n. 13.
Demange, charpentier, rue des Allemands, n. 76.
Demanche (veuve), aubergiste, rue de l'Abreuvoir, n. 1.
Demaret, officier retraité, rue Jurue, n. 3.
Dembour, orfévre, rue Fournirue, n. 44.
Dembour, graveur sur métaux, rue Fournirue, n. 52.
Demeaux, conseiller à la Cour, rue des Trinitaires, n. 6.
Demontrond, ancien officier, rue des Bénédictins, n. 2.
Denis aîné, menuisier, rue Chèvremont, n. 16.
Dennery, marchand de meubles, rue de l'Arsenal, n. 3.
Deny, sculpteur, rue Jurue, n. 12.
Depatornay, rentier, rue Haute-Pierre, n. 12.
Dequet, ✻, chef de bataillon en retraite, rue Pont-à-Seille, n. 7.

Derepère, officier retraité, rue Taison, n. 23.
Derequin, rentier, rue du Petit-Paris, n. 15.
Dermange, agent d'affaires, place de Chambre, n. 6.
Dérobe, architecte du département, place Ste.-Glossinde, n. 4.
Dérobe fils, architecte, place Sainte-Glossinde, n. 4.
Desalangre, ⚜, propriétaire de bains, rue des Roches, n. 27.
Desales (Louis), rentier, rue des Récollets, n. 9.
Désanges, marchand d'étoffes, place de l'Hôtel-de-Ville, n. 4.
Descharmes aîné, propriétaire du lavoir du Pont-des-Morts.
Descharmes (Nicolas), horloger, rue du Pont-des-Morts, n. 37.
Desforges, officier à l'Hôpital militaire, rue Vieille-Boucherie, n. 6.
Desgrange, menuisier, rue Jurue, n. 27.
Désiré, capitaine retraité, rue du Pontifroy, n. 16.
Désiré et Petit (Pierre), tanneurs, rue Saulnerie, n. 75.
Desjardins, ⚜, officier retraité, rue Mazelle, n. 30.
Desjardins, receveur du timbre extraordinaire, rue aux Ossons.
Desnoyer, commissaire des guerres en retraite, Sous-Saint-Arnould, n. 7.
Désongny, épicier, place Saint-Jacques, n. 22.
Désoudin père, médecin, place Sainte-Croix, n. 8.
Desoudin fils, médecin, rue Tête-d'Or, n. 31.
Despré, ⚜, pharmacien-major en retraite, rue aux Ours, n. 6.
Desrobert père, ⚜, propriétaire, place Saint-Martin, n. 15.
Desrobert fils, conseiller-auditeur, place Saint-Martin, n. 15.
Dessertenne, pharmacien, rue du Palais, n. 6.
Devandal, officier supérieur de hussards retraité, rue Mazelle, n. 6.
Devienne (Mathieu de), anc. conseiller à la Cour, r. de la Haie, n. 14.
Devilly père, libraire, rue des Clercs, n. 24.
Devilly (M.me veuve), libraire, rue du Petit-Paris, n. 10.
Dicy, curé de Saint-Eucaire, rue Mabile, n. 18.
Didelot, chapelier, rue Fournirue, n. 62.
Didier (François), propriétaire, rue Paille-Maille, n. 3.
Didier (Dominique), épicier, rue du Pontifroy, n. 72.
Didier, commissionnaire du Mont-de-piété, rue des Capucins, n. 21.
Didier dit Lafrance, maître cocher de fiacres, rue de la Monnaie, n. 8.
Didion, lieutenant d'artillerie, rue Taison, n. 39.
Didion aîné, négociant, rue des Trinitaires, n. 2.
Didion jeune, épicier, rue des Antonistes, n. 1.
Dieudé (M.me veuve), propriétaire, rue des Trinitaires, n. 19.
Dilschneider père, rentier, place Saint-Louis, n. 2.
Dilschneider fils, notaire, place Saint-Louis, n 8.
Dilschneider, cordonnier pour femme, rue des Petites-Tappes, n.os 2 et 4.
Dimanche, négociant en vins, rue de la Chèvre, n. 14.
Dimanche aîné, vinaigrier, rue Sainte.-Marie, n. 24.

Dimanche, menuisier, rue du Faisan, n. 3.
Dits père, lampiste, rue du Petit-Paris, n. 11.
Dits fils, pharmacien, rue des Antonistes, n. 8.
Doisy frères, cordiers, pont de la Préfecture, n. 10.
Dolisy-Cornu, marchande d'étoffes, place de l'Hôtel-de-Ville, n. 9.
Dolisy, faïencier, place Saint-Jacques, n. 21.
Dolizy fils, peintre, place Saint-Jacques, n. 21.
Dollier, marchand-bonnetier, rue Fournirue, n. 29.
Domange, bijoutier, rue Fournirue, n. 55.
Domédy, ✻, chef d'escadron retraité, rue Vincentrue, n. 5.
Domer, rentier, rue Tête-d'Or, n. 32.
Domergue, cafetier, rue Nexirue, n. 1.
Dommanget, avocat, rue aux Ours, n. 14.
Dommartin, propriétaire, rue des Parmentiers, n. 23.
Dompierre-Joly, bottier, rue Fournirue, n. 28.
Donaval, officier retraité, rue Saulnerie, n. 109.
Dondaine, rentier, rue Vincentrue, n. 7.
Dongermain (M.me veuve), propriétaire, rue Chaplerue, n. 13.
Dorier (M.me), rentière, rue des Clercs, n. 12.
Dornès (Auguste), avocat, place Saint-Louis, n. 36.
Dorr (N.-Félix-Napoléon), négociant, rue de l'Esplanade, n. 1.
Dorr frères, négocians, rue de l'Esplanade, n. 1.
Dosquet, ✻, ancien officier, rue Haute-Pierre, n. 14.
Dosquet, imprimeur, rue Cour-de-Ranzières, n. 2.
Dosquet, prêtre, au petit Séminaire.
Dosquet (Émile), voyer de l'arrondissement de Metz, rue Taison, n. 23.
Dosquet (M.me veuve), rentière, rue Haute-Pierre, n. 14.
Dosse-Wathier, chaudronnier, rue Mazelle, n. 5.
Doucet (J.-B.-Réné), rentier, rue des Prisons-Militaires, n. 18.
Doucet jeune, propriétaire, rue de Paris, n. 4.
Dreyfus, épicier, rue de la Fleur-de-Lys, n. 1.
Dreyfus (Félix), drapier, place de Chambre, n. 2.
Dromard, capitaine retraité, rue Taison, n. 41.
Drouot, fabricant de céruse, rue Saint-Marcel, n. 18.
Dubalay, rentier, rue de la Garde, n. 6
Dubois, ✻, directeur de l'hôpital militaire, à l'Hôpital militaire.
Dubois, marchand de mousselines et dentelles, rue du Palais, n. 26.
Dubuisson, négociant, rue du Palais, n. 14.
Dubut, capitaine retraité, rue des Allemands, n. 23.
Ducheray (Lebourgeois), chanoine, rue des Grands-Carmes, n. 12.
Duchosal (Louis), huissier et greffier du conseil de guerre, place de l'Hôtel-de-Ville, n. 2.

BIBLIOTHEQUE ROYALE

Ducolombier, ⁂, ⁂, propriétaire, rue Cambout, n. 19.
Dudot, vicaire-général, rue Sainte-Glossinde, n. 15.
Dufays, officier pensionné, rue Braillon, n. 7.
Dufour père (Baron), intendant militaire, rue St.-Marcel, n. 38.
Dufour fils, conseiller-auditeur, rue Saint-Marcel, n 38.
Dufrêne, épicier, rue Basse-Seille, n. 18.
Dufresne, capitaine retraité, rue des Clercs, n. 16.
Dufresne-Désanges, marchand d'étoffes, place Saint-Louis, n. 31.
Dufresnel, ancien juge de paix, rue Serpenoise, n. 6.
Duhalgouet, rentier, rue Chêvremont, n. 12.
Dulocle, horloger, place du Quarteau, n. 32.
Dumas, ⁂, ⁂, major d'artillerie, rue des Clercs, n. 32.
Dumaine (Mme veuve), propriétaire, rue des Parmentiers, n. 6.
Dumeldinger, officier pensionné, rue du Pontifroy, n. 74.
Dumolard (Le baron), propriétaire, rue des Trinitaires.
Dumont, marchand de poissons, rue des Roches, n. 25.
Dumoulin, ⁂, ancien capitaine d'état-major, rue Chêvremont, n. 20.
Dumoulin, officier retraité, rue Fournirue, n. 27.
Duplessy, officier retraité, rue du Grand-Wad, n. 30.
Dupin, capitaine retraité, rue Basse-Seille, n. 10.
Dupin père, avoué, rue Saint-Louis, n. 11.
Dupin fils, avocat, rue Saint-Louis, n. 11.
Dupont, fondeur en cuivre, rue Vieille-Boucherie, n. 8.
Dupont (Samuel), propriétaire, rue des Bénédictins, n. 6.
Dupont (Auguste), marchand de bois, rue des Bénédictins, n. 12.
Duprés, officier en retraite, rue de la Haie, n. 13.
Dupuis (François), doreur sur métaux, rue Taison, n. 1.
Dupuis (Etienne), facteur d'instrumens, rue Taison, n. 5.
Dupuy, maître de dessin, rue des Prêcheresses, n. 7.
Duquesnoy, conseiller à la Cour, impasse du Collége royal.
Duquesnoy (Mme veuve), propriétaire, place des Maréchaux, n. 20.
Durand, député, rue des Prêcheresses, n. 2.
Durand (Charles), ⁂, propriétaire, rue des Prisons-Militaires, n. 16.
Durand (Louis), propriétaire, place Saint-Martin.
Durand d'Aunoux, ⁂, ⁂, chef de bataillon en retraite, rue des Parmentiers, n. 13.
Durand (Mme veuve), propriétaire, rue de la Crête.
Durand, huissier, place Saint-Simplice, n. 28.
Duret, ⁂, capitaine retraité, rue du Pontifroy, n. 10.
Dusnat (Mme veuve), propriétaire, rue Chaplerue.
Dussard, professeur à l'école mutuelle, pont des Roches, n. 1.
Dutairtre dit Dumanoir, épicier, rue du Pontifroy, n. 11.
Duterte, O. ⁂, chef de bataillon retraité, rue de la Haie, n. 10.

Duvivier (Pierre), rentier, place Saint-Louis, n. 25.
Duvivier (N.-Aug.), avocat stagier, place Saint-Louis, n. 25.

E.

Echevet, officier pensionné, rue du Grand-Cerf, n. 12.
Eloi, capitaine retraité, rue des Prêcheresses, n. 24.
Emeric frères, marchands de soierie et nouveautés, place de Chambre, n. 45.
Emmery, receveur des contributions indirectes, rue Mazelle, n. 7.
Emmery, rentier, rue Mazelle, n. 7
Errard, ancien pharmacien, rue du Faisan, n. 7.
Esnault, receveur de loterie, place de l'Hôtel-de-Ville, n. 13.
Etienne, avocat, rue du Palais, n. 11.
Etienne, marchand de bois, rue du Palais, n. 10.
Etienne, officier retraité, rempart Saint-Vincent, n. 7.
Evain, ⁂, O. ⁂, colonel, directeur de l'artillerie, rempart Saint-Thiébault, n. 12.

F.

Fage, traiteur, rue du Grand-Cerf, n. 10.
Failly (De), inspecteur des douanes, rue du Neufbourg, n. 25.
Faivre, peintre en miniature, rue Tête-d'Or, n. 27.
Fals, employé à l'octroi, place de la Comédie, n. 5.
Fassenez, serrurier, rue des Allemands, n. 39.
Fassenez, marchand de bois, rue du Lancieu, n. 9.
Fauconnier, ⁂, capitaine retraité, rue Chaplerue, n. 12.
Fauconnier, rentier, rue Sous-Saint-Arnould, n. 1.
Faucheur, prêtre, place Saint-Martin, n. 10.
Faugle, drapier, rue Vincentrue, n. 31.
Faultrier, propriétaire, rue Bonne-Ruelle, n. 2.
Faultrier (Mme veuve), rentière, rue Mazelle, n. 63.
Fendler fils, brasseur, rue des Allemands, n. 67.
Feragu, ⁂, capitaine retraité, rue du Pontifroy, n. 103.
Ferond, rentier, rue Saint-Marcel, n. 1.
Ferry, marchand de bois et planches, rue Coislin, n. 12.
Ferry, fabricant de draps, rue du Pontifroy, n. 64.
Ferry, traiteur, place de Chambre, n. 8.
Février, vinaigrier, rue du Change, n. 22.
Feyllen, officier retraité, rue des Quatre-Maisons, n. 25.
Fibich, professeur de musique, rue du Four-du-Cloître, n. 9.
Fibich, prêtre, place Saint-Louis, n. 50.
Fick, maître d'équitation, place de Chambre, n. 41.

Fiers (Gabriel), serrurier, rue du Petit-Paris, n. 15.
Fiers (J.-B), serrurier, rue Serpenoise, n. 12.
Fiers, cordonnier pour femme, rue Fournirue, n. 36.
Fietta frères, marchands d'estampes, rue du Palais, n. 26.
Finck, marchand tailleur, place Saint-Louis, n. 39.
Fine, ✻, chef de bataillon retraité, rue Tête-d'Or, n. 28.
Fineck (De), rentier, rue des Trois-Boulangers, n. 1.
Fischer (Antoine), ✻, capitaine pensionné, rue du Grand-Cerf, n. 2.
Fischer de Dicourt, ✻, ancien officier, rue des Trois-Boulangers, n. 2.
Fiselbrand, chirurgien-major, rue des Prêcheresses, n. 4.
Fizaine, taillandier, rue Cour-de-Ranzières, n. 1.
Flambaux, rentier, rue Tête-d'Or, n. 1.
Flosse, fabricant de peignes, rue Fournirue, n. 3.
Flouet père, rentier, rue de la Chêvre, n. 23.
Flouet fils, huissier, rue de la Chêvre, n. 23.
Foliard, ébéniste, rue Taison, n. 22.
Fondeur, propriétaire, rue Mazelle, n. 11.
Fontaine, ✻, conseiller à la Cour, place des Charrons, n. 6.
Fontaine de Cramayel, ✻, aide-de-camp, rue de l'Evêché.
Forel, marchand d'étoffes, rue Fontaine-Saint-Jacques, n. 1.
Forel (Nicolas), marchand d'étoffes, rue Fournirue, n. 3.
Fouglaire, ancien avoué, place Saint-Louis, n. 4.
Fould, marchand de draps et flanelles, rue Vincentrue, n. 30.
Fouquet (De), ✻, officier supérieur retraité, rue Mazelle, n. 63.
Fournel, secrétaire chez M. l'intendant militaire, rue des Huiliers, n. 3.
Fournier, ✻, lieutenant d'artillerie retraité, place de Chambre, n. 35.
Fourrier, marchand de draps, rue Tête-d'Or, n. 28.
Franck, propriétaire, rue des Parmentiers.
Franck (M.me veuve), propriétaire, rue des Parmentiers.
François, pépiniériste, rue Vigne-Saint-Avold, n. 31.
François, instituteur des arts militaires à l'Ecole d'artillerie et du génie, rue des Grands-Carmes.
François (Louis), rentier, rue du Change, n. 22.
François, ferblantier, rue des Jardins, n. 16.
François, amidonnier, rue Basse-Saulnerie, n. 97.
François, coutelier, rue Fournirue, n. 72.
François (Antoine), ferblantier, rue du Plat-d'Etain, n. 4.
François, aubergiste, rue Saint-Marcel, n. 3 *bis*.
François (M.elle), maîtresse de pension, rue Mazelle, n. 37.
Frandidier, café de la Moselle, place de l'Hôtel-de-Ville, n. 16.
Franquin, café Lyonnais, pont Saint-Marcel, n. 2.
Frantz, brasseur, rue des Allemands, n. 57.
Fray, fondeur en cuivre, rue Taison, n. 17.

Frécot, propriétaire, rue des Clercs, n. 17.
Fredefont, économe du collége, au Collége royal.
Frentz, chaufournier, place Saint-Louis, n. 46.
Freminet, tonnelier, rue de la Princerie, n. 25.
Fresney père, rentier, place de la Comédie, n. 1.
Fresney, cafetier-limonadier, place de la Comédie, n. 1.
Fribourg, marchand de chevaux, rue Chambière, n. 34.
Frick, entrepreneur de bâtimens, rue Gisors, n. 9.
Fricquegnon, huilier, place des Charrons, n. 13.
Fristo, chirurgien, rue Saint-Georges, n. 12.
Fristot, pépiniériste, place Saint-Louis, n. 42.
Frizaine, officier en retraite, rue du Neufbourg, n. 9.
Frochard, chanoine, rue Chèvremont, n. 4.
Fumé (De), chanoine, rue aux Ours.

G.

Gabernache (A.-F.), marchand de vins, rue du Pont-à-Seille, n. 7.
Gacon, trésorier de l'école Saint-Arnould, rue aux Ours, n. 7.
Galette, ✠, médecin, rue des Antonistes, n. 8.
Galilé, cafetier, place de la Comédie, n. 10.
Gallez, bijoutier, rue Fournirue, n.os 66 et 68.
Gallerons, capitaine retraité, rue Pont-à-Seille, n. 6.
Galois, officier retraité, rue d'Asfeld, n. 14.
Galtier, capitaine retraité, rue du Neufbourg, n. 19.
Gama, vinaigrier, place Saint-Louis, n. 65.
Garant (M.elle), maîtresse de pension, rue Vincentrue, n. 9.
Gardeur, fabricant de flanelles, rue Goussaud, n. 8.
Gargan (Le baron de), ingénieur des mines, rue Nexirue, n. 9.
Gassot, drapier, rue Chambière, n. 26.
Gassot, à l'hôtel du Pélican-d'Or, rue Sous-Saint-Arnould.
Gaspard, rentier, place Saint-Jacques, n. 14.
Gatelet, fleuriste, rue Tête-d'Or, n. 17.
Gauché, officier retraité, rue du Grand-Wad, n. 30.
Gauchet, ancien capitaine de sapeurs, rue Chambière, n. 52.
Gaudchaux-Berr, receveur de loterie, rue des Jardins, n. 21.
Gaudré, géomètre, rue du Pont-Moreau, n. 2.
Gaudré (Pierre), tanneur, rue Saulnerie, n. 71.
Gaudré (Charles), tanneur, rue Saulnerie, n. 55.
Gautier, marchand de vins en gros, rue des Allemands, n. 58.
Gautier (Gabriel), fabricant de papiers peints, rue des Antonistes, n. 3.
Gavet, officier du génie, place de Chambre, n. 21.
Geib, ✠, capitaine retraité, rue du Moyen-Pont, n. 11.

Geib, directeur de la poste aux chevaux, rue Pont-St.-Marcel, n. 9.
Geib, ⁂, médecin, rue des Trinitaires, n. 10.
Geisler, négociant, rue Pierre-Hardie, n. 1.
Geisler-Simon, négociant, place Saint-Louis, n. 8.
Geisler (M.me veuve), propriétaire, place Sainte-Croix.
Gélinet (Madame), magasin de soierie et d'étoffes, rue des Clercs, n. 1.
Gelle, professeur au collége, rue du Pont-Moreau, n. 5.
Gendarme, boucher, rue du Plat-d'Etain, n. 3.
Génot, juge suppléant, rue de la Crête, n. 17.
Génot père, ancien négociant, rue des Prêcheresses, n. 13.
Génot fils, épicier, rue des Petites-Tappes, n. 4.
Gentil, ⁂, ancien commissaire des guerres, rue Sur-les-Murs, n. 21.
Gentil (Aimé-Prosper), propriétaire, rue du Marché-Couvert, n. 4.
Gentil, entrepreneur, rue Sur-les-Murs, n. 21.
Geoffroy, ⁂, conseiller, rue des Prêcheresses, n. 10.
Georges, inspecteur des domaines, rue du Rempart-Serpenoise, n. 1.
Georges (M.me veuve), rentière, rue de la Crête, n. 6.
Georges, sellier, rue de la Paix, n. 1.
Georges, tonnelier-vinaigrier, place Saint-Louis, n. 44.
Georgin de Mardigny, rentier, rue de l'Esplanade.
Gérard, voiturier, rue Saint-Clément, n. 6.
Gérard aîné, épinglier, rue du Change, n. 6.
Gérard jeune, rentier, rue du Change, n. 6.
Gérard, ancien médecin, rue des Trois-Boulangers, n. 7 *bis*.
Gérard, pharmacien à l'hôpital militaire, place de Chambre, n. 35.
Gérard, horloger, place de Chambre, n. 41.
Gérard, tanneur, rue du Champé, n. 50.
Gérard d'Hannoncelles, ⁂, premier président, au Palais de justice.
Gérardin, ⁂, capitaine retraité, place Saint-Simplice, n. 24.
Gérardin, rentier, rue du Porte-Enseigne, n. 15.
Gérardin, tonnelier, rue des Allemands, n. 122.
Gérardin (veuve), marchande de crins, rue de la Cathédrale.
Gerder, entrepreneur de diligences, place de la Cathédrale, n. 2.
Gerdosse, rentier, rue du Pont-Moreau, n. 6.
Gergogne, sellier-carrossier, place Saint-Nicolas, n. 4.
Gérôme, chef de bureau chez M Roux, rue des Allemands, n. 49.
Gérôme, bijoutier, rue Fournirue, n. 65.
Gérotin, huissier, rue Haute-Seille, n. 24.
Germain, avoué, place Saint-Louis, n. 32.
Germain, capitaine retraité, quai Haute-Seille, n. 16.
Gerson-Lévy, libraire, rue des Jardins, n. 1.
Gibout, peintre en miniature, place de l'Hôtel-de-Ville, n. 16.
Gigleux, brigadier de l'octroi, rue des Allemands, n 74.

Gigon-Cavelier, marchand d'étoffes, pont des Roches, n. 2.
Giffe, capitaine retraité, rue des Vieilles-Tappes, n. 2.
Gilbrin (J.-B.), rentier, rue de la Fontaine, n. 11.
Gilbrin (Christophe), épicier, place Saint-Jacques, n. 11.
Gilbrin (Louis), drapier, rue Vincentrue, n. 19.
Gilbrin, fabricant de flanelles, place Saint-Louis, n. 2.
Gillet (l'abbé), aumônier de l'hospice de Bon-Secours, rue Chambière, n. 57.
Gillet, café Grec, rue du Pontifroy, n. 64.
Gillet, tapissier, rue Serpenoise, n. 10.
Gillet fils, serrurier, place de Chambre, n. 6
Gillot, chirurgien-accoucheur, rue de la Chèvre, n. 19.
Girard, médecin, rue des Trois-Boulangers.
Gillot, économe de l'hôpital Saint-Nicolas, place Saint-Nicolas, n. 2.
Girard, cafetier, rue de l'Abreuvoir, n. 2.
Girard, rentier, rue Serpenoise, n. 5.
Girot, professeur de musique, rue Haute-Pierre, n. 18.
Glavet, serrurier, rue Nexirue, n. 14.
Glavet aîné, serrurier-mécanicien, rue du Moyen-Pont, n. 6.
Go, curé de Notre-Dame, rue de la Chèvre, n. 32.
Gobert (J.-B.-Michel), ancien maître de poste, rue du Heaume, n. 8.
Gobert (Pierre), receveur de loterie, rue aux Ours, n. 1.
Gobert-Cunin, ☙, propriétaire, rue du Petit-Paris, n. 8.
Gobleur, prote d'imprimerie, propriétaire, place du Pont-Sailly, n. 2.
Godard, maître-serrurier, rue des Trois-Boulangers, n. 11.
Godard, fabricant de papiers peints, rue et hôtel Serpenoise, n. 18.
Godfrin, aubergiste, rue du Neufbourg, n 10.
Gœrg, marchand de draps, rue Tête-d'Or, n. 24.
Gomer, capitaine pensionné, rue du Rempart-Serpenoise, n. 5.
Gompertz, magasin de soierie et d'étoffes, rue Vincentrue, n. 6.
Gompertz (Jacob), rentier, quai de l'Arsenal, n. 5.
Gondolff, fabricant-chapelier, rue Saulnerie, n. 48.
Gorcy (M.me veuve), propriétaire, rue de la Paix, n. 1.
Gordon (M.me veuve), propriétaire, rue de l'Esplanade.
Goré, aubergiste, à la Chaîne-d'Or, rue du Pontifroy, n. 109.
Goudchaux (Lazard-Jacob), marchand d'étoffes, quai Saint-Pierre, n. 23.
Goutchaud (Cerf-Jacob), rentier, rue des Grands-Carmes, n.os 19 et 21.
Goudchaux (Lyon), négociant, rue du Pont-Moreau, n. 5.

Goudenhove, ✻, ✻, capitaine de gendarmerie, rue de la Gendarmerie, n. 4.
Gouguenheim (Nathan), galonnier, rue de l'Arsenal, n. 59.
Gouguenheim, bijoutier, place de la Cathédrale, n. 3.
Goujon, juge de paix, rue des Antonistes, n. 1.
Goujon, chandelier, rue Fournirue, n. 64.
Goujon (Jean-Michel), maître de langues, rue Fournirue, n. 66 et 68.
Goujon, propriétaire, rue de la Haie, n. 17.
Goulet de Rugy, ✻, ancien colonel d'artillerie, rue des Trinitaires, n. 14.
Goulon père, agent de police, place de l'Hôtel-de-Ville, n. 1.
Goulon fils, agent de police, place de l'Hôtel-de-Ville, n. 1.
Goulon, à l'hôtel du Loup, rue des Allemands, n. 53.
Goulon, boulanger, rue du Moyen-Pont, n. 9.
Gourcy (De), receveur des droits réunis, rue Mazelle, n. 35.
Gouttmann, grand-chantre, rue de l'Arsenal, n. 104.
Gouyer, correspondant de la Société du prêt mutuel, rue du Marché-Couvert.
Goze, commissaire de police, rue de la Princerie, n. 1.
Græff, fabricant de cannes et pipes, rue Petite-Boucherie, n. 4.
Graff dit Lecomte, marchand-chapelier, rue du Palais, n. 19.
Grandjean, capitaine retraité, rue Vigne-Saint-Avold, n. 28.
Grandvoir, anc. officier retraité, propriétaire, rue des Clercs, n. 34.
Gravelotte, agent de police, rue du Pontifroy, n. 13.
Greef (Nicolas), épicier, rue des Allemands, n. 23.
Greff-Wimbourg, marchand de vins, rue des Allemands, n. 23.
Grégoire, bottier, rue du Faisan, n. 2.
Grélois, contrôleur de la marque d'or, rue du Pont-Moreau, n. 1.
Grenan père, propriétaire, rue Fournirue, n. 9.
Grenan fils, confiseur, rue Fournirue, n. 9.
Grenier, capitaine retraité, rue Saint-Vincent, n. 18.
Grenier (C.tesse), rentière, rue Sous-Saint-Arnould, n. 5.
Grénn, greffier du tribunal de police, rue de la Bibliothèque, n. 9.
Gribel, rentier, rue des Petites-Tappes, n. 6.
Grillot, professeur de dessin à l'école régimentaire du génie, rue des Prisons-Militaires, n. 18.
Grisel, avoué, rue des Récollets, n. 8.
Grodvolle, marchand épicier, rue de l'Arsenal, n. 44.
Grodvolle, peintre, quai Saint-Pierre, n. 35.
Grosclaude, libraire, place Saint-Jacques, n. 30.
Grouvelle, moulin à vapeur pour les flanelles, rempart de l'Arsenal, n. 41.
Gruette, officier retraité, rue Cambout, n. 1.
Grugard, officier retraité, rue de la Bibliothèque, n. 1.

Guebel, fabricant de pipes, rue des Allemands, n. 71.
Gueden (Nicolas), marchand de coton, rue Fournirue, n. 11.
Gueden, ancien notaire, rue aux Ours, n. 16.
Guéden (Pierre-Charles), serrurier, place Croix-outre-Moselle, n. 26.
Gueden (Michel-Victor), marchand de bois, rue du Pont-des-Morts, n. 39.
Gueden, percepteur, rue de la Haie, n. 4.
Guenot, rentier, rue du Change, n. 12.
Guentz, rentier, place Saint-Louis, n. 38.
Guéprotte (veuve), brasseuse, rue des Allemands, n. 59.
Guéret (Le baron), ✠, O. ✠, colonel retraité, rue des Bénédictins, n. 4.
Guerin (baron de Waldebach), maréchal de camp en retraite, rue du Lancieu, n. 7.
Guerquin, notaire, rue Tête-d'Or, n. 11.
Guerquin, huissier, rue de la Grand'Maison, n. 10.
Guevel (Casimir), notaire, rue des Allemands, n 32.
Guevel (Jean), rentier, rue des Allemands, n. 34.
Guevel fils, marchand de vins, rue des Allemands, n. 19.
Guesler (Albin), rentier, rue du Pont-Moreau, n. 6.
Guesler (Hypolite), rentier, rue du Pont-Moreau, n. 6.
Gugnon, pharmacien, rue de la Petite-Boucherie, n. 8.
Gugnon fils, chaudronnier, place de l'Hôtel-de-Ville, n. 15.
Gugnon (veuve), chaudronnière, place des Charrons, n. 8.
Guidonné, ✠, O. ✠, lieutenant-colonel, sous-directeur d'artillerie, place Saint-Thiébault, n. 29.
Guillaumin, O. ✠, propriétaire, rue aux Ours, n 5.
Guillemain (demoiselle), marchande de vins, rue Gisors, n. 11.
Guillemain, rentier, rue de la Haie, n. 4.
Guillemin, marchand de vins, rue Mazelle, n. 67.
Guipon, chef de bataillon retraité, rue Épaisse-Muraille, n. 5.
Guisse, ✠, capitaine retraité, place de la Cathédrale, n. 5.
Gury, miroitier, rue du Palais, n. 4.
Gury (François), vinaigrier, place du Quarteau, n 29.
Gury (Jean), boulanger, place Saint-Louis, n. 9.
Gusse, ✠, officier retraité, rue Mazelle, n. 74.
Guyot, chaudronnier, pont Saint-Georges, n. 6.
Guyot, adjoint au maître d'équitation de l'école de Saint-Arnould, rue Haute-Pierre, n. 1.
Guyot, marchand de grains, place Saint-Louis, n. 57.

H.

Hadamard, imprimeur, place de Chambre, n. 17.
Haillecour, médecin, rue des Clercs, n. 3.
Halard, ✻, capitaine retraité, rue du Pontifroy, n. 8.
Halphen (Marx), rentier, rue de l'Arsenal, n 73.
Halphen (Raphaël), rentier, quai de l'Arsenal, n. 3.
Halvacx, marchand épicier, rue Neuve-Saint-Louis, n. 4.
Hanesse père, rentier, rue Vincentrue, n. 19.
Hanesse fils, drapier, rue Vincentrue, n 19.
Hangen, poëllier, rue des Allemands, n 73.
Hannégresse-Vistôo, confiseur, rue Fournirue, n. 33.
Hannoncelles (D'), O. ✻, premier président.
Haquardio, pharmacien, rue Fournirue, n. 54.
Hardouin, propriétaire, rue Chaplerue, n. 34.
Harmand, rentier, rue de la Chèvre, n. 30.
Harmand, rentier, rue de la Fonderie, n. 5.
Hartard, épicier, rue des Antonistes, n. 2.
Hartard, rentier, rue Vigne-Saint-Avold, n. 45.
Haspel, pharmacien-major retraité, rue du Pont-des-Morts, n. 13.
Haxel, tailleur d'habits, rue du Palais, n. 12.
Hayer, rentier, rue des Allemands, n. 65.
Haymer, rentier, rue des Jardins, n. 10.
Hennequin, propriétaire, rue Vincentrue, n. 16.
Hennequin, tanneur, rue Saulnerie, n. 39.
Hennequin (François), chaufournier, place Saint-Louis, n. 10.
Hennequin fils aîné, chaufournier, place Saint-Louis, n. 48.
Hennequin, ferblantier-lampiste, rue Neuve-Saint-Louis, n. 3.
Hennequin (Nicolas), chaufournier, place Saint-Louis, n. 40.
Hennequin, cordonnier pour femme, rue Tête-d'Or, n. 1.
Henning (Mme veuve), place Croix-outre-Moselle, n 24.
Hénot (Félix-Joseph), chirurgien-major démonstrateur à l'hôpital militaire, rue Saint-Georges, n. 8.
Henriet, propriétaire, rue Nexirue, n. 13.
Henrion, O. ✻, colonel d'artil.^rie^ retraité, rue des Trinitaires, n. 15.
Henrquelle, géomètre-arpenteur, rue des Bénédictins, n. 5.
Henry, sous-chef de bureau à la préfecture, rue du Plat-d'Etain, n. 8.
Henry, percepteur des contributions, rue du Four-du-Cloître.
Henry, tourneur en cannes, rue du Faisan, n. 12.
Henry (Jean), menuisier, rue des Trinitaires, n. 9.
Henry, brasseur, rue des Prisons-Militaires, n. 19.
Henry, instituteur, rue Fournirue, n. 19.
Henry père, fabricant-cloutier, rue du Grand-Cerf, n. 2.
Henry, bottier, rue du Palais, n. 13.

Herbelot, propriétaire, rue Sous-Saint-Arnould, n. 5.
Herbelot (Emile), rentier, rue du Haut-Poirier, n. 4.
Hergilet, propriétaire, rue de la Glacière, n. 16.
Herpin, rentier, rue Fournirue, n. 13.
Herpin, marchand épicier, rue du Porte-Enseigne, n. 11.
Hertz, vinaigrier, rue du Porte-Enseigne, n. 13.
Hervieux père, maréchal-ferrant, Pont-Saint-Marcel, n. 1.
Hesling, rentier, rue Fournirue, n. 37.
Hesse, fontenier de la ville, rue Vincentrue, n. 16.
Hesse, entrepreneur de bâtimens, rue de la Monnaie, n. 42.
Hesteau, coîffeur, rue Fournirue, n. 17.
Hettier, propriétaire, rue Saint-Marcel, n. 36.
Hey, ☙, ☙, instituteur d'équitation de l'école d'artillerie et du génie, rue Haute-Pierre, n. 1.
Heydt, confiseur, rue du Palais, n. 7.
Hirsch, brasseur, rue du Pont-des-Morts, n. 22.
Hisette, serrurier-mécanicien, rue du Porte-Enseigne, n. 4.
Hironimus, caissier chez le payeur de la guerre, rue Chaplerue, n. 32.
Hocquart, propriétaire, rue des Roches, n. 23.
Hoffmann-Richet, marchand épicier, rue de la Croix-de-Fer, n. 2.
Hofflinger, ☙, lieutenant retraité, rue des Allemands, n. 42
Holandre, bibliothécaire, rue de la Bibliothèque, n. 2.
Holizi, ☙, capitaine retraité, rue des Allemands, n. 29.
Horne, maître couvreur, rue du Change, n. 18.
Houillon de Viliey, ☙, lieutenant-colonel retraité, rue du Pont-Moreau, n. 1.
Houillon, huissier, rue Saint-Eucaire, n. 10.
Hourier, rentier, rue des Prêcheresses, n. 4.
Hozé, charcutier, rue du Porte-Enseigne, n. 7.
Huart, banquier, rue aux Ours, n. 5.
Huart (Auguste), rentier, rue Chêvremont, n. 6.
Huart fils, avocat, rue aux Ours, n. 5.
Huart, marchand de nouveautés, rue Fournirue, n. 32.
Hubert, capitaine retraité, rue Fournirue, n. 32.
Hug, avocat stagier, rue Haute-Pierre.
Huguenin père, propriétaire, rue de la Fontaine-Saint-Jacques, n. 3.
Huguenin, libraire, rue de la Fontaine-Saint-Jacques, n. 3.
Huibratte, plâtrier, rue Saint-Eucaire, n. 28.
Humbert, marchand de vins, rue de Paris, n. 32.
Humbert (Sébastien), prop.re, rue Boucherie-St-Georges, n. 50.
Humbert, officier pensionné, rue Vincentrue, n. 12.
Humbert (Jacques), rentier, pont de la Préfecture, n. 4.
Humbert, rentier, place des Maréchaux, n. 19.

Humbert dit Gérard, horloger, rue Fournirue, n. 12.
Humbert (Nicolas), rentier, rue Mazelle, n 79.
Humbert, officier retraité, rue Chambière, n 1.
Humbert (François), épicier, pont de la Préfecture, n. 1.
Humbert (Nicolas), boulanger, pont de la Préfecture, n. 3.
Humbert, marchand d'étoffes, place Saint-Louis, n. 45.
Humbert, épicier, rue de la Haie, n. 1.
Humblot, marchand de toiles, rue de la Cathédrale, n. 1.
Humbert de Pomcourt, conseiller à la Cour, place St.-Martin, n. 1.
Hunolstein (Le comte d'), pair de France, r. des Parmentiers, n. 21.
Huot, conseiller auditieur, rue Saint-Marcel, n. 42.
Hurbin, armurier, rue de la Princerie, n. 5.
Hure, peintre en bâtimens, place Saint-Martin, n. 11.
Hurel frères, marchands de toiles, rue Tête-d'Or, n. 20.
Hussenet, O. ⁂, lieut.-colonel retraité, place de la Comédie, n. 8.
Hussenot, graveur sur bois, rue Sainte-Marie, n. 3 *bis*.
Hussenot, peintre d'histoire, rue Tête-d'Or, n. 11.
Husson, ⁂, capitaiue pensionné, rue des Huiliers, n. 3.
Husson, propriétaire, rue de la Paix, n. 1.
Husson, chandelier, rue Taison, n. 15.
Husson frères, libraires, place de l'Hôtel-de-Ville, n. 6.
Hute, officier retraité, rue Chambière, n. 5.

I.

Ibrelisle, médecin, rue du Cloître, n. 2.
Innocenty, vice-président du tribunal de 1.re instance, rue Jurue, n. 29.
Innocenty (Demoiselles), épicières, rue des Petites-Tappes.

J.

Jacob, ⁂, négociant, rue des Antonistes.
Jacob, ⁂, (J.-Louis), capitaine retraité, place Saint-Louis, n. 32.
Jacob (Sébastien), officier retraité, rue Goussaud, n. 12.
Jacob, artiste-vétérinaire, place de Chambre.
Jacob (Théodore), entrepreneur des pavés de la ville, rue du Neufbourg, n. 9.
Jacob, relieur, place Saint-Louis, n. 9.
Jacob (M.me veuve), rentière, rue Belle-Isle.
Jacminot, avocat, rue Sainte-Marie, n. 18.
Jacquelard, fondeur, place Saint-Louis, n. 51.
Jacquemaire, propriétaire, rue Chaplerue, n. 40.
Jacquemard, ⁂, officier pensionné, rue Vigne-Saint-Avold, n. 12.

Jacquemard, formier, rue Saulnerie, n. 4.
Jacquemard, propriétaire, rue Vigne-Saint-Avold, n. 12.
Jacquemin, pâtissier, rue des Jardins, n. 41.
Jacquemot, pâtissier, rue Petite-Boucherie, n. 7.
Jacques, jardinier-propriétaire, rue Saint-Georges, n. 2.
Jacques, marchand chapelier, rue Fournirue, n. 18.
Jacques dit Lapierre, rentier, rue Sainte-Marie, n. 14.
Jacques dit Lapierre, vicaire à Notre-Dame, rue de la Princerie, n. 29.
Jacquet, chanoine, place de l'Hôtel-de-Ville, n. 17.
Jacquin, épicier, rue de la Paix, n. 2.
Jacquin (Isidore), capitaine d'état-major, place de la Comédie, n. 2.
Jacquin, officier d'état-major, place de la Comédie, n. 2.
Jacquin, rentier, rue de la Fontaine, n. 19.
Jacquin, rentier, place de la Comédie, n. 2.
Jacquin dit Lapierre, maître plâtrier, rue Saint-Gengoulf, n. 36.
Jacquinot, ⁂, conseiller de préfecture, rue des Trinitaires, n. 6.
Jacquot, marchand de fer, place du Pont-Sailly, n. 17.
Jacquot, horloger, rue Tête-d'Or, n. 29.
Jacquot, cordonnier pour femme, rue Fournirue, n. 21.
Jadelot, ⁂, conseiller de préfecture, rue Saint-Marcel, n.os 35 et 37.
Jalvé, propriétaire, rue du Moyen-Pont, n. 5.
Jalvé, directeur de l'école d'enseignement mutuel, rue du Porte-Enseigne, n. 20.
Jamais, charcutier, rue du Petit-Paris, n. 3.
Jany, aubergiste, hôtel de la petite Croix-d'Or, rue Porte-Enseigne, n. 9.
Jaubert, juge-auditeur, rue des Taillandiers.
Jaubert (M.me veuve de), propriétaire, rue Nexirue.
Jeauffret, chanoine, rue de la Crête, n. 27.
Jaunez (J.-Pierre), propriétaire, rue Saint-Marcel, n. 4.
Jaunez père, rentier, rue des Trinitaires, n. 1.
Jaunez fils aîné, géomètre en chef du cadastre, r. des Trinitaires, n. 1.
Jeandelize-Volmerange, épicier, place du Pont-Sailly, n. 2.
Jean-Maire, employé à la Préfecture, rue du Grand-Cerf, n. 12.
Jeoffroy, boulanger, rue Vieille-Boucherie, n. 10.
Jérôme, bijoutier, rue Fournirue, n. 65.
Jeunehomme (J.-P.-D.), commis, rue du Grand-Cerf, n. 2.
Jeunehomme, chef de bureau à l'école Saint-Arnould, rue Haute-Pierre, n. 2.
Jeunehomme (Victor), épicier, rue du Plat-d'Étain, n. 1.
Jeunehomme, tanneur, rue Saulnerie, n. 47.
Jeunehomme (Mesdames), receveuses de loterie, rue de la Chèvre.
Job, pharmacien, rue du Change, n. 18.
Jobal de Pagny, ⁂, rentier, rue du Haut-Poirier, n. 12.

Jobal (De), major général de la garde, retraité, rue Mazelle, n. 37.
Johel (Joseph), greffier du procureur-général, rue des Parmentiers, n. 1.
Joly, rentier, rue des Bénédictins, n. 1.
Joseph, officier retraité, rue Saint-Eucaire, n. 28.
Josselme (François), tapissier, place Saint-Simplice, n. 14.
Jost, boulanger, place Saint-Louis, n. 63.
Jouatte-Cuny, aubergiste, place Saint-Thiébault, n. 34.
Jouron, contrôleur des forges, rue des Allemands, n. 51.
Joyeux, négociant, rue de la Haie, n. 1.
Jubiot, menuisier, rue du Faisan, n. 11.
Judas, ⁂, pharmacien en chef à l'Hôpital militaire.
Juge jeune, libraire, place de la Cathédrale.
Juin, négociant, rue Mazelle, n. 95.
Julien, ⁂, avocat-général, au Palais de justice.
Jullien, ⁂, ⁂, sous-intendant militaire, rue Saint-Marcel, n. 20.
Julvécourt de Saulny (De), conseiller à la Cour, rue des Clairveaux, n 11.
Julvécourt (M.me veuve de), rentière, rue des Prisons-Militaires, n. 14.
Junique, marchand-épicier, rue du Grand-Cerf, n. 17.

K.

Karr, professeur au Collége royal, rue des Trois-Boulangers, n. 7.
Kasler, officier en retraite, rue Pont-à-Seille, n. 4.
Kesel, inspecteur de la régie, place Sainte-Croix, n. 1.
Kieffer, instituteur, place Saint-Jacques, n. 28.
Kientz, épicier, rue Sainte-Marie, n. 7 *bis*.
Kiessvetter, culottier, rue du Palais, n. 16.
Klié, ⁂, président, au Palais de justice.
Kœnig, carrossier, rue Nexirue, n. 12.
Kopp, ébéniste, rue Taison, n. 32.
Kraff, gantier, rue des Clercs, n. 5.
Krafft, marchand tailleur, place Saint-Louis, n. 25.
Kredenveis père, propriétaire, rue des Clercs, n. 22.
Kredenveis fils, vinaigrier, rue des Clercs, n. 22.
Kreisse, boulanger, rue du Pont-Saint-Georges, n. 11.

L.

Labadie, capitaine en non-activité, rue du Grand-Wad, n 2.
Labastide, professeur au Collége, rue du Pont-des-Morts.
Labbé, notaire, place de Chambre, n. 25.

Labroux, peintre en miniature, rue du Petit-Paris, n. 8.
Lachapelle, propriétaire, rue des Trinitaires, n. 8.
La Chevardière, ☙, receveur de loterie, rue de l'Esplanade, n. *.
Lacombe (De), ☙, O. ☙, colonel du 3.ᵉ régiment d'artillerie à pied, rue des Trois-Boulangers, n. 4.
Lacombe, ☙, sous-intendant militaire, place Sainte-Croix, n. 1.
Lacombe, ancien négociant, rue Saint-Marcel, n 32.
Lacour, tourneur en chaises, rue des Jardins, n. 35.
Lacroix-d'Ivry (M.ᵐᵉ v.ᵛᵉ), propriétaire, rue des Parmentiers, n. *.
Ladonchamps (Amédé-Étienne de), rentier, rue des Trinitaires, n. 12.
Ladonchamps (Auguste de), rentier, rue des Trinitaires, n. 12.
Ladrague père, rentier, rue des Prisons-Militaires, n. 15.
Ladrague fils, arpenteur. rue des Prisons-Militaires, n. 15.
Lafitte, pasteur protestant, rue des Grands-Carmes, n. 9.
Laflaquière, lieutenant pensionné, rue de la Crête, n. 3.
Lafosse, marchand de vins, rue Vincentrue, n. 18.
Lagrange, professeur de musique, rue Mazelle, n. 27.
Lajeunesse, marchand de dentelles, rue Fournirue, n. 25.
Lalance, huissier, rue des Pères-Saint-Georges, n. 5.
Lalance, commis-greffier, rue des Pères-Saint-Georges, n. 5.
Lallemand, O. ☙, colonel retraité, rue des Récollets, n. 6.
Lallemand (Louis), rentier, rue du Change, n. 2.
Lallemand, voiturier-entrepreneur, place de France, n. 7.
Lallemands, rentier, rue des Allemands, n. 116.
Lalouette, peintre en miniature, rue des Petites-Tappes, n. 2 et 4.
Lalouette, marchand de draps, rue Pierre-Hardie, n. 1.
Lamanière, officier retraité, rue Mazelle, n. 80.
Lamarle, essayeur des matières d'or, rue Saint-Louis, n. 9.
Lamarle, avoué, rue Mazelle, n. 17.
Lamarle, coutelier, rue du Palais, n. 5.
Lamarle (M.ᵐᵉ veuve), rentière, rue Saint-Louis, n. 9.
Lambert, conseiller à la Cour royale, rempart St.-Thiébault, n. 10.
Lambert, avocat, rue Tête-d'Or, n. 13.
Lamberty (Le comte de), officier de la garde, rue Mazelle, n. 37.
Lamberty (M.ᵐᵉ), rentière, rue des Trinitaires, n. 9.
Lambin, commissaire de police, place de la Préfecture, n 11.
Lametz, éperonnier, rue de la Paix, n. 2.
Lamort frères, imprimeurs, rue du Palais, n. 10.
Lamoureux, fabricant de bas, place Saint-Simplice, n. 30.
Lamoureux-Léger, marchand de parapluies, rue Fournirue, n. 24.
Lamson, chandelier, rue du Pont-des-Morts, n. 41.
Lamy, garde-magasin des effets d'hôpitaux militaires, rue Saint-Marcel, n. 33.

Lamy, percepteur des contributions, rue du Heaume, n. 8.
Langard, bottier, rue Tête-d'Or, n. 4.
Lanique, coiffeur, rue du Plat-d'Etain, n. 7.
Lanty, avocat, rue Neuve-Saint-Louis, n. 1.
Lanty, ancien conseiller au parlement, rue Neuve-Saint-Louis, n. 1.
Lapierre, coiffeur, rue Pierre-Hardie, n. 12.
Lapointe (J.-P.-F.), ancien contrôleur des impositions directes, place Saint-Jacques, n. 28.
Lapointe, boulanger, rue des Petites-Tappes, n. 6.
Lapointe (Georges-Prosper), greffier du juge de paix du 3.e canton, rue des Parmentiers, n. 3.
Lapointe (Jean-Louis), huissier, rue des Parmentiers, n. 3.
Lapointe fils, notaire, rue du Commerce.
Lapointe, entrepreneur de bâtimens, rue des Allemands, n. 72.
Lapointe, marchand de vins, rue du Neufbourg, n. 4.
Laporte, marchand de coton, rue Fournirue, n. 23.
Laquietz, ancien juge de paix, rue Fournirue, n. 20.
Lardemelle (De), O. ✠, député, place Royale, n. *.
Lardemelle (De) fils, officier des vivres, place Royale, n. *.
Larivière, marchand de couvertures, rue Sainte-Marie, n. 18.
Larmina (M.me veuve), rentière, rue de la Crête, n. 19.
Lartillerie, entrepreneur de bâtimens, place Saint-Simplice, n. 16.
Lasalle (De), inspecteur des douanes, rue de la Crête, n. 6.
Lasalle, propriétaire, rue des Prisons-Militaires, n. 18.
Lasson, chef de bureau chez le payeur de la guerre, rue du Petit-Paris, n. 10.
Latanchère, propriétaire, rue du Grand-Cerf, n. 9.
Latourette, rentier, rue du Haut-de-Sainte-Croix, n. 7.
Latournelle (M.me veuve), propriétaire, rue des Parmentiers.
Lauer, juge d'instruction, rue de la Chèvre, n. 22.
Laurent, marchand de fourrages, rue Saint-Clément, n. 36.
Lavallée, menuisier, rue Saint-Marcel, n. 3.
Laurent, marchand de poteries, rue Tête-d'Or, n. 18.
Laurent, ✠, capitaine retraité, rue Mazelle, n. 105.
Laurent, sellier, rue Sainte-Marie, n. 1.
Laurent, rentier, rue Vieille-Boucherie, n. 13.
Laval, rentier, rue du Grand Cerf, n. 7.
Lebatteux (Nic.-Bernard), avocat, rue de la Chèvre, n. 11.
Leblanc, chef de bataillon en retraite, rue du Lancieu, n. 9.
Leblanc du Plécy, rentier, rue de l'Arsenal, n. 7.
Lebœuf, lieutenant-général en retraite, rue du Lancieu, n. 7.
Lebon père, rentier, rue de la Hache, n. 3.
Lebon fils, pharmacien, rue de la Hache, n. 3.

Lecercle, commerçant, Pont-Sailly, n. 7.
Lechevallier, passementier, rue Fournirue, n. 10.
Leck, vicaire à Saint-Vincent, rue Saint-Georges, n. 4.
Leclaire, propriétaire, rue du Pontifroy, n. 12.
Leclerc, officier retraité, rue du Porte-Enseigne, n. 11.
Leclerc, chef de bataillon, professeur au génie, rue de la Crête, n. 1.
Leclerc, capitaine retraité, rue Châtillon, n 5.
Leclerc, potier d'étain, place Saint-Louis, n. 29.
Leclerc, marchand de poissons, rue des Roches, n. 9.
Leclerc (M.me veuve), propriétaire, rue des Clercs, n. 17.
Leclerc, ancien avoué, rue des Bénédictins, n. 10.
Lecomte fils aîné, chapelier, place de la Cathédrale.
Lecomte, cordonnier pour femme, rue du Champé, n. 19.
Lecomte-Lafosse, chapelier, rue des Petites-Tappes, n. 1.
Leconte, O. ☩, chef de bataillon retraité, rue des Capucins, n.os 14 et 16.
Leconte, rentier, place de Chambre, n. 55.
Leduchat, ☩, percepteur des contributions, rue des Prisons-Militaires, n. 4.
Leduchat (Paul), officier retraité, rue Fontaine-St.-Jacques, n. 5.
Leduchat (M.me), propriétaire, rue des Prêcheresses.
Lefebure, capitaine retraité, rue Pont-à-Seille, n. 2.
Lefèvre, confiseur, rue du Faisan, n. 4.
Lefort fils, fondé de pouvoirs de M. Milleret, banquier, rue du Haut-Poirier, n. 4.
Lefort jeune, caissier de la recette générale, rue des Allemands.
Legagneur, avocat-général, rue Nexirue, n. 13.
Legand, médecin, rue des Trinitaires, n. 6.
Legand, marchand de poissons, rue des Roches, n. 13.
Legendre, rentier, place de Chambre, n. 55.
Legendre, marchand de bonneterie, rue Tête-d'Or, n. 33.
Le Goullon, ☩, propriétaire, rue des Grands-Carmes, n. 17.
Le Goullon (le chev.), ☩, ☩, adjoint à la mairie, rue des Grands-Carmes, n. 17.
Legrand, rentier, rue du Pontifroy, n. 88.
Legrand, médecin, place Saint-Louis, n. 8.
Legras, quincailller, rue du Petit-Paris, n. 9.
Legros, ☩, chef de bataillon retraité, rue Mazelle, n. 105.
Lejaille, sacristain de Saint-Martin, rue des Huiliers, n. 29.
Lejeune, ☩, ☩, chef de bataillon du génie, place Saint-Martin, n. 13.
Lejeune, jardinier, rue des Roches, n. 19.
Lejeune, cafetier, place de la Comédie, n. 2.
Lejeune, entrepreneur de bâtimens, rue Coislin, n. 8.
Lejeune, hôtel du Nord, rue Pierre-Hardie, n. 4.

Lejeune (Mlle), rentière, rue des Prêcheresses.
Leloup, drapier, rue Saint-Clément, n. 9.
Lemen, rentier, rue Nexirue, n. 20.
Lemoine, rentier, rue Saint-Louis, n. 1.
Lemoine (Mme), accoucheuse, au quartier Chambière, pavillon des Fours, vis-à-vis la porte Chambière.
Lemonnier, négociant, rue du Palais, n. 21.
Lemoyne, ingénieur des ponts et chaussées, quai du Fort, n. 6.
Lemut, ✠, capitaine du génie, rue Saint-Louis, n. 15.
Lepoidevin (vicomte de Maurillon), lieutenant-général, rue aux Ours, n. 12.
Lepetit De Beauvilliers, ✠, ✠, chef de bataillon d'état-major, rue du Pont-Moreau, n. 4.
Lepicard, ✠, chef de bureau à la préfectnre, rue de la Paix, n. 1.
Lendormy, ✠, ✠, chef de bataillon du génie retraité, rue de la Haie, n. 4.
Leneveux, avoué, rue des Allemands, n. 19.
Lenner, facteur d'instrumens, rue Taison, n. 13.
Lenoir, débitant de tabac, pont de la Préfecture, n. 2.
Lentz, directeur du comptoir du prêt mutuel, place Saint-Thiébault, n. 36.
Lenzeler, épicier, place Saiut-Louis, n. 33.
Léo, pharmacien-major, au Fort, pavillon Saint-Simon.
Léonard, boucher, rue du Porte-Enseigne, n. 5.
Léonard, commissaire de police, rue des Allemands, n. 30.
Léonnard, amidonnier, rue Saulnerie, n. 95.
Leroi, rentier, rue Sainte-Marie, n 16.
Leroi, rentier, rue Haute-Pierre, n. 6.
Leroy, luthier, rue Fournirue, n. 39.
Leroux, dégraisseur, rue du Therme, n. 19.
Lesage, instituteur d'architecture à l'école Saint-Arnould.
Lesbros, ✠, ✠, capitaine du génie, aide-de-camp, rue des Jardins, n. 8.
Lesch, vicaire, rue Saint-Georges, n. 7.
Le Secq de Crépy, ✠, cap adjudant de place, porte des Allemands.
Leturc, marchand tailleur, rue du Change, n. 23.
Levasseur, restaurateur, rue Serpenoise, n 19.
Levêque, ✠, chef d'escadron en retraite, place St.-Simplice, n. 22.
Lévy (Le baron de), ancien officier, place Sainte-Croix, n. 5.
Lévy (Gerson), libraire, rue des Jardins, n. 1.
Lévy (Olry), libraire, rue des Clercs.
Levy (Mme de), ancienne chanoinesse, rue Saint-Louis.
Lhermite, professeur de physique au Collége royal, rempart Serpenoise, n. 19.
Lhuillier, ✠, capitaine retraité, rue Mazelle, n. 64.

Lhuillier, ✻, capitaine pensionné, employé à la préfecture, rue des Prêcheresses, n. 24.

Lhuillier, employé à l'école d'artillerie et du génie, rue Haute-Pierre, n. 1.

Lhuillier, instituteur, rue du Heaume, n. 9.

Lhuillier, épicier, rue des Allemands, n. 98.

Liabé, rentier, rue des Murs, n. 23.

Libert, officier pensionné, place du Pont-des-Morts, n. 47.

Liénard, plâtrier, rue d'Eltz, n. 17.

Lienard, boucher, rue Vieille-Boucherie, n. 11.

Limaux, receveur de l'enregistrement et des domaines, rue des Parmentiers, n. 1.

Limbourg, agent de change, rue Haute-Pierre, n 8.

Linden, fabricant de cols pour la troupe, rue Fournirue, n. 10.

Lionnard, commissaire de police, rue des Allemands, n. 30.

Lion-Cerf Cahen, marchand d'étoffes, rue des Jardins, n. 4.

Liver, ✻, ✻, capitaine adjudant de place, pont des Grilles.

Londex, rentier, rue d'Eltz, n. 2.

Loquin, dentiste, rue Fournirue, n. 22.

Lorcet, cartonnier, rue Chambière, n. 22.

Lorette, négociant, rue de la Princerie, n. 19.

Lorette, négociant, rue Mazelle, n. 20.

Loriard, chef de bataillon pensionné, rue Jurue, n. 8.

Lorquet, employé à l'octroi, rue Taison, n. 17.

Lorrain, employé chez le payeur de la guerre, place St.-Simplice, n. 28.

Lorrain, rentier, place Saint-Martin, n. 13.

Lorrain (Michel), peintre en bâtimens, rue des Prêcheresses, n. 3.

Lorrain aîné, peintre, rue Jurue, n. 27.

Louck, officier pensionné, rue du Grand-Cerf, n. 17.

Louis (François), rentier, rue du Heaume, n. 3.

Louis, horloger, rue des Bons-Enfans, n. 4.

Louis (Pierre), marchand de vins en gros, rue des Allemands, n. 86.

Louis, contrôleur des contributions, rue au Blé, n. 2.

Louis, propriétaire, rue au Blé, n. 2.

Louis, concierge à la prison militaire, rue des Prisons-Militaires, n. 1.

Louis (J.-N.), épicier, place Saint-Louis, n. 67.

Louis, chanoine, rue Taison, n. 29.

Loyauté, cirier, rue Tête-d'Or, n. 30.

Loyson, chargé des fonctions rectorales, au Collége royal.

Lubré père et fils, propriétaires, rue de l'Esplanade, n. 18.

Luc, capitaine en retraite, rue du Rempart, n. 1.

M.

Macherez, maître de pension, quai Saint-Pierre, n. 15.

Machetey père, marchand de vins, rue de la Chèvre, n. 28.
Macklot (Mme de), rentière, rue des Clercs, n. 25.
Madot (Hubert), jaugeur juré, rue Mazelle, n. 28.
Maguin, tonnelier, rue Taison, n. 48.
Maguin (François), pépiniériste, rue Gaudré, n. 10.
Maguin, marchand de vins, place des Charrons, n. 4.
Maguin, marchand de meubles, rue Fournirue, n. 74.
Mahu, médecin, rue Mazelle, n. 36.
Mainwaring, gentilhomme anglais, rue Chaplerue, n. 4.
Maire, ferblantier, rue Taison, n. 11.
Maire (Christophe), tanneur, rue Saulnerie, n. 9.
Malardot, épicier, rue des Capucins, n. 2.
Male, instituteur de la jeunesse réformée, place Saint-Martin, n. 11.
Malet, officier retraité, place Saint-Simplice, n. 26.
Malherbe aîné, banquier, rue des Clercs, n. 10.
Malherbe jeune, banquier, rue Saint-Marcel, impasse du Collége royal
Malherbe (François), rentier, rue Saint-Marcel, n.ºs 35 et 37.
Malherbe (Adolphe), aide-de-camp, rue Saint-Marcel, n.ºs 35 et 37.
Malherbe (Mme), rentière, place Saint-Martin.
Maline-Capiomont, épicier, Pont-Saint-Georges, n. 2.
Maline, commissaire-priseur, rue Cour-de-Ranzières, n. 2.
Maloiseaux, ✠, ✠, chef de bataillon en retraite, rue du Change, n. 22.
Malye, ✠, ✠, archiviste de la Préfecture, à la Préfecture.
Mamer, horloger, rue du Petit-Paris, n. 10.
Manel, ✠, capitaine retraité, place Saint-Simplice, n. 30.
Mangay, avocat, rue Jurue, n. 21.
Mangé, ✠, capitaine retraité, place de Chambre, n. 20.
Mangeot, ✠, marchand de vins en gros, place de Chambre, n. 15.
Mangin, sellier, rue des Clercs, n. 14.
Mangin, propriétaire, rue du Palais, n. 26.
Mangin, rentier, rue des Prisons-Militaires, n. 4.
Mangin, ancien garde-marteau, place de Chambre, n. 13.
Mangin, boulanger, rue du Pont-à-Seille, n. 9.
Mangin (Henry), rentier, place Chappé, n. 7.
Mangin, professeur au collége, rue Saint-Vincent, n. 8.
Mansard, père, marchand de vins, rue Mazelle, n. 43.
Mansard fils, épicier, place Saint-Jacques, n. 32.
Manthe, capitaine en retraite, rue du Pont-à-Seille, n. 2.
Marbotter, quincaillier, rue des Jardins, n. 8.
Marc, propriétaire, rue Gisors, n. 12.
Marc, rentier, rue Tête-d'Or, n. 22.
Marcel, traiteur, rue du Pont-Moreau, n. 15.

Marchal, ⁂, ⁂, ancien commissaire des guerres, rue de l'Esplanade, n. 1.
Marchal aîné, rentier, maire de Corny, rue de l'Esplanade, n. 1.
Marchal, ⁂, sous-chef de bureau des contributions directes, rue Sainte-Glossinde, n 17.
Marchal, ⁂, chirurgien, place Saint-Jacques, n. 32.
Marchal, charron, rue des Grands-Carmes, n. 2.
Marchal, débitant de tabac, place de l'Hôtel-de-Ville, n. 12.
Marchal et Gugnon (M.mes), maîtresses de pension, rue des Parmentiers, n. 2.
Marchand (B.on), O. ⁂, conseiller de préfecture, rue des Grands-Carmes, n. 11.
Marcus, aumônier, au Collége royal.
Marcus, pharmacien, rue du Moyen-Pont, n 26.
Marcus, rentier, rue Sainte-Marie, n. 26.
Marcus (Jean), rentier, rue Chaplerue, n. 32.
Mardigny aîné, propriétaire, place Saint-Martin.
Mardigny-Jaunez, adjoint à la mairie, propriétaire, rue Saint-Marcel, n. 4.
Maréchal, peintre d'histoire, rue des Clercs, n. 3.
Maréchal, capitaine pensionné, place Sainte-Glossinde, n. 17.
Maréchal, inspecteur de l'académie, rue du Pont-des-Morts, n. 22.
Maréchal père, chirurgien, rue Vincentrue, n. 25.
Maréchal fils, médecin, quai Saint-Pierre, n. 23.
Maréchal, agent des convois militaires, rue des Clairveaux, n. 3.
Marguerie (De), maréchal de c mp, place Saint-Martin, n. 1.
Mariatte-Feuillette, brossier, rue Tête-d'Or, n. 8.
Marichal, officier retraité, rue Vigne-Saint-Avold, n. 12.
Marichal (Jean), marchand de poissons, rue des Roches, n. 19.
Marichal, marchand de poissons, rue des Roches, n. 3.
Marie, chirurgien-major en retraite, rue Serpenoise, n. 22.
Marin, fabricant de papiers, rue Mazelle, n. 49.
Marin fils, fabricant de cruchons, rue du Porte-Enseigne, n. 17.
Marion (De), garde général des forêts, rempart Serpenoise, n. 15.
Marion (De), rentier, rue des Grands-Carmes, n. 13.
Marion (M.elle de), rentière, rue des Grands-Carmes.
Marlier (Eugène), avocat, rue des Parmentiers, n. 19.
Marly père, rentier, rue Chaplerue, n. 7.
Marly (François), rentier, rue Chaplerue, n. 7.
Marly (Nicolas), contrôleur des impositions indirectes, rue du Lancieu, n 8.
Marly, confiseur, rue Fontaine-Saint-Jacques, n. 2.
Marniquet, propriétaire, rue du Four-du-Cloître, n. 5.
Martel, entrepreneur, rue de l'Abreuvoir, n. 1.
Martigny, pelletier fabricant de gants, rue Fournirue, n. 23 *bis*.

Martin, rentier, place du Quarteau, n. 42.
Martin, huissier de la préfecture, place de la Préfecture, n. 12.
Martin, épicier, place des Maréchaux, n. 20.
Martin de Julvécourt de Saulny, conseiller à la Cour, rue Chaplerue, n. 11.
Martin De Julvécourt, rentier, rue des Jardins, n. 47.
Marty, officier retraité, débitant de tabac, rue du Pont-à-Seille, n. 4.
Marty, secrétaire à l'évêché, place Sainte-Glossinde, n. 15.
Marx-Silny, fabricant de broderies, rue du Grand-Cerf, n. 15.
Masbour (M.me), rentière, rue aux Ours.
Masson, secrétaire de M. l'intendant militaire de la 3.e division militaire, place aux Febvres.
Masson, secrétaire de l'évêché, à l'Evêché.
Masson, marchand de toiles, rue Fontaine-Saint-Jacques, n. 2.
Masson, chirurgien retraité, rue Vieille-Boucherie, n. 13.
Masson de Maizerai, banquier, rue aux Ours, n. 18.
Mathieu, notaire, rue de la Chèvre, n. 34.
Mathieu, avoué, rue des Murs, n. 23.
Mathieu, avocat, rue de la Princerie, n. 3.
Mathieu, propriétaire, rue des Prêcheresses.
Mathieu, prêtre, rue Fournirue.
Mathieu frères, entrepreneurs de diligences, place de Chambre, n. 4.
Mathieu, rentier, rue Coislin, n. 8.
Mathieu, huissier, rue Tête-d'Or, n. 15.
Mathieu, rentier, rue Fontaine-Saint-Jacques, n. 2.
Mathieu, concierge de la maison de correction, rue de Lasalle, n. 1.
Mathieu de Vienne, conseiller, rue de la Haie, n. 14.
Mathieu, curé de Saint-Vincent, rue d'Eltz, n. 18.
Mathieu (Jean-François), rentier, rue Saint-Georges, n. 8.
Mathiot, pépiniériste, rempart de l'Arsenal, n. 39.
Mathis, attaché aux subsistances, rue Sainte-Marie, n. 18.
Matte, curé de Sainte-Ségolène, rue des Grands-Carmes, n. 2.
Maud'hui (De), ✱, sous-inspecteur des forêts, rue Mazelle, n. 63.
Maud'huy aîné (De), ✱, conseiller de préfecture, place Saint-Martin, n. 9.
Mauja, garde du génie, à la Citadelle.
Maujean (Nicolas), tonnelier, rue du Heaume, n. 1.
Maurair, tanneur, rue Saulnerie, n. 37.
Maury, lampiste, rue Fournirue, n. 5.
Maury, perruquier, rue du Moyen-Pont, n. 4.
Mauvais, ébéniste, rue des Quatre-Maisons, n. 22.
May, marchand de soieries, rue Fournirue, n. 13.
May (Abraham), huilier, rue du Pont-Saint-Georges, n. 2.
Mayer, commissaire des guerres retraité, rue Taison, n. 41.

Mayer, chirurgien, rue Saint-Vincent, n. 7.
Mayer, commissionnaire de roulage, rue de la Haie, n. 21.
Mayer, serrurier en équipages, rue du Neufbourg, n. 19.
Mayot-Costé, fabricant de coton, rempart Serpenoise, n. 21.
Médicus, juge, rue de Paris, n. 2, au Fort.
Médicus, ✠, contrôleur de l'octroi, rue de Paris, n. 2, au Fort.
Mélo père et fils, brossiers, rue Fournirue, n. 51.
Menet, marchand tailleur, rue de la Chèvre, n. 38.
Mengen, quincaillier, rue des Jardins, n. 8.
Mennessier, ✠, directeur des contributions, rue de la Crête, n. 29.
Mennessier (J.-Paul), contrôleur des contributions, rue de la Crête, n. 29.
Mennessier (Hypolite), contrôleur des contributions, rue de la Crête, n. 29.
Menusier, rentier, rue des Clercs, n. 8.
Mercier, mégissier, rue Saulnerie, n. 59.
Mercy (Jean-Baptiste), boulanger, place Saint-Louis, n. 49.
Mercy (Joseph), marchand d'étoffes, place Saint-Louis, n. 27.
Merlet, ✠, capitaine retraité, rue Tête-d'Or, n. 33.
Meslier de Rocan, ✠, O. ✠, adjoint à la mairie, rue des Récollets, n. 8.
Messin, rentier, rue des Allemands, n. 30.
Metzignère, carrossier, rue du Faisan, n. 2.
Metziguière dit Messin, carrossier, rue des Clairveaux, n. 5.
Meunier, ex-directeur des domaines, rue des Trinitaires, n. 4.
Meunier, rentier, rue des Trinitaires.
Meunier, marchand de modes, rue Pierre-Hardie.
Meyer, bottier, rue de la Chèvre, n. 44.
Meyer, tapissier, rue Taison, n. 33.
Meyer, ✠, chef d'escadron retraité, place des Charrons, n. 6.
Michaud père et fils, graveurs en tous genres, rue Taison, n. 32.
Michault, médecin, rue Nexirue, n. 5.
Michaut, chirurgien, rue Mazelle, n. 8.
Michaux, officier retraité, rue Gisors, n. 11.
Michaux, peintre en équipages, rue des Augustins, n. 5.
Michaux, boulanger, rue Fontaine-Saint-Jacques, n. 6.
Michel, avocat, rue du Neufbourg.
Michel, ancien directeur de la poste aux lettres, place de Chambre, n. 15.
Michel père, ancien brasseur, quai de la Haute-Seille, n. 16.
Michel fils aîné, négociant, place Saint-Louis, n. 36.
Michel jeune, brasseur, quai de la Haute-Seille, n. 16.
Michel, bijoutier, rue Fournirue, n. 84.
Michel, bottier, rue Fournirue, n. 42.
Michel, dégraisseur, rue du Therme, n. 15.

Michel, arquebusier, place Saint-Jacques, n. 16.
Michel, caissier au Mont-de-piété, place de l'Hôtel-de-Ville, n. 1.
Michel, armurier, rue Nexirue, n. 2.
Michel (Jean), rentier, rue Mazelle, n. 28 *bis*.
Michel (M.me veuve), rentière, rue des Prisons-Militaires.
Michel de Saint-Albin, ☙, receveur général, rue du Rempart-Saint-Thiébault, n. 6.
Michelant, greffier du tribunal de première instance, rue des Récollets, n. 4
Micout, rentier, rue Epaisse-Muraille, n. 4.
Micout fils, serrurier, rue du Champé, n. 60.
Micque, cordier, rue du Pont-des-Morts, n. 12.
Mijette, employé des vivres, place Saint-Simplice, n. 22.
Milet, avocat, rue de la Glacière, n. 5.
Milet, capitaine pensionné, place Saint-Thiébault, n. 30.
Milleret, ☙, banquier, rue du Haut-Poirier, n. 4.
Milleret (M.me), rue aux Ours.
Millet, épicier, place du Quarteau, n. 33.
Million, dessinateur au cadastre, rue Chaplerue, n. 36.
Minaglia, officier retraité, rue Boucherie-Saint-Georges, n. 5.
Mirguet (Hubert), propriétaire, rue Saint-Clément, n. 5.
Mirjolet, horloger-bijoutier, place Croix-outre-Moselle, n. 27.
Missonnier, ☙, garde du génie, à la Citadelle.
Mitelberger, coiffeur, rue des Petites-Tappes, n. 9.
Miton, agent de police, rue de la Haie, n. 21.
Moiraud, rentier, rue du Porte-Enseigne, n. 12.
Moisson, ☙, ☙, chef de bataillon d'artillerie, rue de la Haie.
Moizin, ☙, médecin, rue Sous-Saint-Arnould, n. 5.
Molle, géomètre, rue Tête-d'Or, n. 22.
Mollet-Farnier, libraire, rue du Petit-Paris.
Monchy, commis de l'entreprise des vidanges, rue des Parmentiers, n. 19.
Mongin, professeur au Collége
Monnier, secrétaire de la société de secours mutuels, rue du Change, n. 4
Monnier (Sébastien), marchand d'eaux-de-vie en gros, rue Tête-d'Or, n. 33.
Monnier-Simon, marchand d'eaux-de-vie, rue de Paris, n. 18.
Montaigu, marchand de meubles, rue de la Paix, n. 3.
Montigny (B.on de), propriétaire, rue Mazelle.
Montrock, capitaine retraité, rue du Pontifroy, n. 43.
Moralis, commis-greffier à la Cour, rue Mabile, n. 10.
Moré, rentier, rue Fournirue, n. 29.
Moreau, rentier, rue des Vieilles-Tappes, n. 5.
Moreau, vicaire à Notre-Dame, rue de la Princerie, n. 6.

Moreau, cafetier, place du Fort, n. 10.
Moret, ⁂, ⁂, sous-inspecteur des forges, place de Chambre, n. 15.
Morhange (Nathan), chamoiseur, rue de l'Arsenal, n. 7.
Morhange (Isaïe), marchand de charbon de terre, rue de l'Arsenal, n. 66.
Morhange (Jacob), marchand de cuirs, rue de l'Arsenal, n. 52.
Morhange, marchand de soieries, rue des Jardins, n. 14.
Morlaincourt (De), ⁂, ⁂, chef de bataillon du génie, directeur de l'arsenal du génie, à la Citadelle.
Morlaincourt (De), capitaine du génie.
Morlannc, médecin, rue Mazelle, n. 36.
Mortet, receveur des hospices civils, rue d'Asfeld, n. 12.
Mory, juge suppléant, rue aux Ours, n. 2.
Mory frères, fabricans de cannes, rue Tête-d'Or.
Mougenet, capitaine retraité, rue du Pontifroy, n. 72.
Mouin, ancien évêque de Sedan, rue Taison, n. 23.
Moulin, officier retraité, rue Quai-Saint-Pierre, n 3.
Mourgues, chef de bureau à la Préfecture, rue Vincentrue, n. 1.
Moussaux, ⁂, médecin, rue Serpenoise, n. 4.
Moutardier, ancien notaire, rue des Augustins, n. 8.
Mouzin, géomètre, place du Quarteau, n 40.
Mouzin, rentier, place de Chambre, n. 23.
Mouzin, rentier, rue Mazelle, n. 105.
Mouzin, ancien huissier, rue du Palais, n. 6.
Muller, foulonnier, rue du Therme, n. 13.
Muller, marchand de vins, rue des Grands-Carmes, n. 1.
Muller, capitaine retraité, rue de l'Esplanade, n. 12.
Muller dit Salomon, rentier, rue Vieille-Boucherie, n. 15.
Munier, receveur de loterie, place du Quarteau, n. 33.
Munier, ⁂, ⁂, capitaine d'artillerie, rue Taison, n. 21.
Munier, instituteur, rue des Récollets, n. 10.
Murville, propriétaire, rue Nexirue, n. 11.
Muscat (Michel) entrepreneur de bâtimens, rue Saint-Eucaire, n. 20.
Muscat, maître maçon, rue du Champé.
Muscat (Joseph), maître couvreur, place Saint-Louis, n. 42.
Muscat, maître couvreur, rue du Grand-Wad, n. 8.
Mussot, serrurier, rue Vieille-Boucherie, n. 2.
Mutel, rentier, rue Saint-Louis, n. 3.

N.

Nacquard, ⁂, ⁂, colonel d'artillerie, à Saint-Arnould.
Nassoy, négociant, rue du Petit-Paris, n. 1.
Nassoy, menuisier, rue du Haut-Poirier, n 6.

Nassoy (Louis-J.-P.), marchand de vins en gros, rue des Allemands, n. 55.
Nau, vicaire de Notre-Dame, rue Taison.
Naud (Nicolas-André), peintre en bâtiment, rue des Roches, n. 5.
Naud (Joseph), peintre en bâtiment, place Chappé, n. 3.
Naud, professeur de dessin, rue du Haut-Poirier, n. 8.
Naudin, revendeur de meubles, rue du Champé, n. 4.
Nauroy père, orfévre, rue Fournirue, n. 31.
Nauroy fils, orfévre, rue Fournirue, n. 3.
Nauroy jeune, orfévre, rue Fournirue, n. 41.
Nettre, marchand de toiles, rue des Jardins, n. 45.
Neyral, café du Nord, rue du Pontifroy, n. 61.
Nicéville, fermier des moulins, place de la Comédie, n. .
Niclause, rentier, rue des Huiliers, n 4.
Niclause, pharmacien, place du Quarteau, n. 21.
Nicolaï, géomètre, rue Sous-Saint-Arnould, n. 5.
Nicolas, rentier, rue de la Chêvre, n. 19.
Nicolas, serrurier en équipages, rue de Paris, n. 8.
Nicolas, faïencier, place Saint-Jacques, n. 33.
Nicolas, capitaine en retraite, rue du Vivier, n 8.
Nicolas, vicaire de Saint-Martin, place Saint-Martin, n. 10.
Nicolas, marchand de vins, rue Vigne-Saint-Avold, n 28.
Nicolas, vérificateur des poids et mesures, rue Mabile, n. 10.
Nicolet, fondé de pouvoirs du receveur général, rempart Serpenoise, n. 13.
Niderlinder, capitaine retraité, rue des Allemands, n. 1.
Noël, marchand de fromages, rue Tête-d'Or, n. 35.
Noël, graveur sur bois, rue Tête-d'Or, n. 17.
Noiré, propriétaire, rue des Allemands, n. 118.
Noizet, rentier, rue des Jardins, n. 47.
Noizet, capitaine du génie, rue Taison.
Noizet, avoué, rue de l'Esplanade, n. 4.
Noizet (Jean), commissaire-priseur, rue Chaplerue, n. 4.
Nonon, tourneur en chaises, rue Sainte-Marie, n. 1.
Nonon (Gaspard), tourneur en chaises, rue des Allemands, n. 22.
Nouviant, ⁂, chef de bataillon en retraite, rue Pont-à-Seille, n. 1.

O.

Orban, avocat, place Saint-Martin, n. 2.
Oulif, avocat, rue Neuve-Saint-Louis, n. 2.
Ourier, ⁂, ⁂, ancien colonel d'artillerie, rue des Prêcheresses, n. 14.
Ourier (M.me), rentière, rue des Prêcheresses, n. 14.

P.

Page, officier retraité, rue Mazelle, n. 43.
Paguet, propriétaire, rue du Pontifroy, n. 72.
Paigné, capitaine pensionné, rue des Prisons-Militaires, n. 12 *bis*.
Paillard dit François, charcutier, place Saint-Jacques, n. 9.
Paillette, rentier, rue de Paris, n. 14.
Paixhans père, rentier, rue Fournirue, n.os 38 et 40.
Paixhans fils, marchand de draps, rue Fournirue, n.os 38 et 40.
Palez, ébéniste, rue Vigne-Saint-Avold, n. 1.
Pallez (Jean-Luc), menuisier, rue des Clairveaux, n. 9.
Panel, prêtre, chef de musique à la Cathédrale, rue de la Bibliothèque.
Panon, courrier de Metz à Pont-à-Mousson, rue du Neufbourg, n. 22.
Paquin (Gaspard), secrétaire de l'académie, rempart Saint-Vincent, n. 10.
Paquin, huissier, rue Serpenoise, n. 3.
Parant, avocat, rue Nexirue, n. 6.
Parant-Richet, aubergiste, rue du Marché-Couvert, n. 2.
Pâris, conseiller à la Cour, rue Mazelle, n. 10.
Pariset, juge, rue Châtillon, n. 7.
Parisot, pâtissier, rue du Faisan, n 8
Parmentier, serrurier-mécanicien, rue Taison, n. 14.
Party (Joseph), drapier, rue Vincentrue, n. 33.
Pascalle, ☼, médecin, à l'Hôpital militaire.
Patart dit Benoît, peintre-décorateur, place Saint-Simplice, n. 24.
Patornay, propriétaire, rue Haute-Pierre.
Pauline dit Paulin, blanchisseur, rue Nexirue, n. 8.
Pécheur aîné, conseiller à la Cour, rue des Bons-Enfans, n. 1.
Pécheur (Charles), conseiller à la Cour, place Sainte-Croix, n. 10.
Pécheur (Michel), substitut du procureur du roi, rue aux Ours, n. 3.
Pécheur, serrurier, rue Mazelle, n. 70.
Péduzzi, fabricant de parapluies, rue Fournirue, n. 31.
Peiffer, débitant de tabac, rue du Heaume, n. 2.
Peiffer, marchand d'étoffes, rue du Porte-Enseigne, n. 17.
Pelicier, chef de bataillon retraité, rue de la Haie, n. 23.
Pelit (J.-B.), boulanger, rue des Allemands, n. 114.
Pelletier (B.on), maréchal de camp, commandant l'artillerie, place Saint-Thiébault, n. 27.
Pellier, propriétaire, rue des Grands-Carmes, n. 9.
Pellier, officier en non-activité, rue Fournirue, n. 60.
Peltier, officier retraité, rue du Champé, n 36.
Perbal, propriétaire, rue des Clercs, n. 25.
Perbal, officier supérieur retraité, rue des Clercs, n. 6.
Perin, propriétaire, rue Taison, n. 42.
Perin, pharmacien, rue Fournirue, n. 70.

Perin, conseiller, rue du Haut-Poirier, n. 12.
Perin (M.me veuve), rentière, rue de la Paix.
Péronne (De), avocat, rue des Prisons-Militaires, n. 12 *bis*.
Perot, officier en retraite, rue du Change, n. 32.
Perrin, vicaire, rue Jurue, n. 15.
Perrin, boulanger, rue du Faisan, n. 9.
Perrin-Moré, marchand d'étoffes, rue Fournirue, n. 29.
Perrot (l'abbé), professeur de philosophie, au Collége.
Perruchot, commissaire des poudres, rue des Clercs, n. 11.
Persy, professeur de mathématiques, rue Haute-Pierre, n. 1.
Petit, épicier, rue du Grand-Cerf, n. 1.
Petit (Louis), rentier, rue du Change, n. 14.
Petit (Pierre), vitrier, rue du Change, n. 14.
Petit, vitrier, rue de la Fleur-de-lys, n. 3.
Petit, agent d'affaires, place de Chambre.
Petitgrand, ✠, ⚜, chef d'escadron honoraire en retraite, rue du Haut-Poirier, n. 2
Petitjean, fondeur en cuivre, rue de la Princerie, n. 8.
Pêtre, serrurier, rue Taison, n. 29.
Petre, propriétaire, rue de Paris, n. 12.
Peupion père, rentier, rue Taison, n. 50.
Peupion fils, ✠, ⚜, capitaine d'artillerie, rue Taison, n. 50.
Pheffer (Nicolas), propriétaire, rempart Saint-Vincent, n. 10.
Philippe, apprêteur de draps, rue du Pontifroy, n. 45.
Philpin, employé à la recette générale, rue de la Fontaine, n. 19.
Picard (Cerf-Lazard), propriétaire, rue de l'Arsenal, n. 27.
Picard, maître cordonnier pour femme, rue de l'Abreuvoir, n. 3.
Pichon, marchand de meubles, rue des Jardins, n. 2.
Pichon (François), cordier, rue du Pontifroy, n. 48.
Pichon (Robert), cordier, Pont-Sailly, n. 8.
Pichon (Pierre), cordier, Pont-Saint-Georges, n. 17.
Pichon, cordier, rue Pierre-Hardie, n. 8.
Picquard, ancien notaire, place de la Comédie, n. 1.
Picquel, marbrier, rue Epaisse-Muraille, n. 5.
Pidancet, juge, rue de la Chèvre, n. 34.
Pidancet, sous-secrétaire à la mairie, rue de la Fontaine, n. 19.
Pierné (François), amidonnier, rue des Roches, n. 15.
Pierné (Pierre), propriétaire, rue des Roches, n. 21.
Pierné (Guillaume), amidonnier, rue des Roches, n. 17.
Pierre, ⚜, ancien lieutenant de vaisseau, rue Mazelle, n 37.
Pierre père, ancien procureur-général à la table de marbre, rue Saint Marcel, n. 15.
Pierret, imprimeur, rue Fournirue, n. 24.
Pierron, cafetier, place de la Comédie, n. 3.
Pierron, propriétaire, rue Chaplerue, n. 30.

Pierron (Charles), propriétaire, rue Chambière, n. 20.
Pierron, rentier, rue Vieille-Boucherie, n. 9.
Pierron, épicier, rue des Petites-Tappes, n. 1.
Pierron, menuisier, rue Chaplerue, n. 30.
Pierron, ✱, capitaine retraité, rue du Pont-Saint-Georges, n. 6.
Pierron, boucher, rue Vieille-Boucherie, n. 5.
Pierson, fabricant de chapeaux, place Saint-Louis, n. 6.
Pierson, propriétaire, rue Fournirue, n. 52.
Pierson, fabricant de flanelles, rue du Pontifroy.
Pilette, propriétaire, rue du Heaume, n. 3.
Pilicier frères, commissionnaires de roulage, rue du Pont-des-Morts, n. 14.
Pin, épicier, place du Quarteau, n 37.
Pinaud, ✱, procureur-général, au Palais de justice.
Pioche (Charles-Auguste), marbrier, rue des Bons-Enfans, n. 1.
Pioche, maître de dessin, rue des Bons-Enfans, n. 1.
Piquant, employé à la mairie, place de la Comédie, n. 4.
Pirole, aubergiste, rue du Pontifroy, n. 111.
Piron, cloutier, rue Taison, n 5.
Pitat, ✱, ✱, capitaine en retraite, rue du Four-du-Cloître, n. 13.
Plut, facteur de lettres, rue Taison, n. 33.
Poincelet, mégissier, rue Saulnerie, n. 85.
Poinsignon, marchand vinaigrier, rue Petite-Boucherie, n. 3.
Poinsotte, menuisier, quai Saint-Pierre, n. 29.
Poiré, O. ✱, colonel en retraite, rue de la Gendarmerie, n. 9.
Poirrier, vérificateur des domaines, rue de la Chèvre, n. 27.
Polot, menuisier pour équipages, rue Bonne-Ruelle, n. 13.
Pomcourt, ✱, conseiller à la Cour, place Saint-Martin.
Poncelet, rentier, rue du Lancieu, n. 11.
Poncet, ✱, ✱, major d'infanterie en retraite, rue Vincentrue, n. 6.
Pontbriant (De), officier d'artillerie, rempart St.-Vincent, n. 4.
Posselle, rentier, rue Châtillon, n. 4.
Possel (M.me veuve), rentière, rue Châtillon, n. 4.
Potain, docteur en médecine, place Saint-Jacques, n. 3.
Potdevin, marchand de meubles, rue des Trinitaires, n. 5.
Poterlet, peintre en miniature, place de Chambre, n. 49.
Pothier, capitaine en retraite, rue du Change, n. 18.
Potier frères, fabricans de broderies, place des Charrons, n. 6.
Potot, prêtre, place Saint-Martin.
Potriosk (le comte), com.dant en retraite, rue Saint-Vincent, n. 7.
Pottgeisser-Helm, négociant, quai Saint-Pierre, n. 13.
Poulet, O. ✱, lieutenant-colonel d'artillerie en retraite, place Saint-Jacques, n. 16.
Poulmaire, brasseur, rue des Pères-Saint-Georges, n. 13.
Pouperon, rentier, rue de la Haie, n. 23.

Pradel, doreur sur métaux, rue de la Paix, n 5.
Prével, faïencier, rue du Quarteau, n. 20.
Prevost, menuisier, rue Fournirue, n. 31.
Prévot, chanoine, rue Jurue, n 15.
Prost, ✠, ✠, colonel du génie, à la Citadelle.
Protche, O. ✠, chef de bataillon retraité, rue du Pont-des-Roches, n. 2.
Protche, ✠, capitaine d'artillerie, rue Saint-Marcel, n. 13.
Prouveur-Depont, conseiller à la Cour royale, rue Mazelle, n. 36.
Prouveur de Pont, conseiller à la Cour, rue des Antonistes.
Prud'homme, bijoutier, rue Fournirue, n. 20.
Prud'homme, officier retraité, place de Chambre, n. 15.
Purnot (André-Charles), notaire, rue de la Glacière, n. 7.
Purnot (Claude), avocat, rue des Allemands, n. 78.
Purnot, ancien notaire, rue des Allemands, n. 78.
Puyproux père, rentier, rue Serpenoise, n. 22.
Puyproux-Caronti, faïencier-opticien, rue du Palais, n. 2.
Pyrot, ✠, président à la Cour royale, place Saint-Martin, n. 7.
Pyrot, curé de Saint-Martin, rue des Huiliers, n. 25.
Pyrot (M.me veuve), propriétaire, place Saint-Martin, n 7.

Q.

Quarante, O. ✠, colonel retraité, rue du Heaume, n. 8.
Quarantel, tourneur, rue Vincentrue, n 30.
Quarantel, fabricant-gantier, rue du Change, n. 16.
Questel, ✠, chef de bataillon retraité, rue de la Crête, n. 7.
Queyrol, ✠, ✠, capitaine-archiviste de la place, au Fort, pavillon Saint-Simon.

R.

Racine, magasinier, place de Chambre, n. 43.
Racine, officier retraité, rue Petite-Boucherie, n. 8.
Raguel (Joseph), rentier, rue Mabile, n. 17.
Raguet (Dominique), propriétaire, rue des Bénédictins, n. 14.
Raillard, employé à la préfecture, rue du Moyen-Pont, n. 7.
Rampon, ✠, O. ✠, médecin, à l'Hôpital militaire.
Ratigné, marchand d'étoffes, place de Chambre, n. 37.
Ravenel, marchand de fayence, rue du Pontifroy, n. 19.
Recouvreur, rentier, rue Saint-Marcel, n. 25.
Reder, rentier, rue des Jardins, n. 7.
Redon (De), ✠, rentier, rue Saint-Marcel, n. 38.
Regnault, vicaire de Sainte-Ségolène, rue des Grands-Carmes, n. 5.
Régnier, teinturier, rue du Pontifroy, n. 9.

Régnier (François), teinturier, rue du Pont-des-Morts, n. 17.
Rehm, rentier, rue Saint-Louis, n. 5.
Rembert, négociant, quai Saint-Pierre, n. 13.
Remiatte, commis à la Cour, au Palais de justice.
Remlinger, propriétaire de bains, rue des Roches, n. 29.
Remlinger, cafetier, place Mazelle, n. 46.
Rémond, avoué, rue Serpenoise, n. 7.
Rémond, (Antoine), vinaigrier, rue de Paris, n. 10.
Remy, vicaire de Saint-Maximin, rue de la Bauë, n. 5.
Remy, propriétaire de bains, place de la Comédie, n. 3.
Remy, rentier, rue Fournirue, n. 58.
Remy, propriétaire, rue Jurue, n. 3.
Remy, instituteur, rue du Pontifroy, n. 64.
Remy, propriétaire, rue des Clercs, n. 21.
Remy, tanneur, rue Saulnerie, n. 73.
Renard, ⁂, capitaine d'artillerie retraité, place de Chambre, n. 22.
Renard, magasin d'étoffes, rue Jurue, n. 29.
Renaud, juge de paix du 3.e canton, place Chappé, n. 4.
Renaud, aide-major à l'hôpital militaire, rue du Heaume, n. 8.
Renaud, agent de police, rue des Roches, n. 21.
Renson, receveur des contributions, place Mazelle, n. 42.
Rhein, propriétaire, rue Sainte-Marie.
Richard, officier retraité, place Mazelle, n. 24.
Richard, capitaine retraité, place des Charrons, n. 1.
Richard, rentier, rue Braillon, n. 9.
Richet, pharmacien, place du Quarteau, n. 38.
Richon aîné, bijoutier, rue Tête-d'Or.
Richon cadet, marchand de draps, rue Tête-d'Or, n. 1.
Richter (baron), ⁂, C. ⁂, lieutenant-général retraité, rue Saint-Vincent, n. 11.
Robert, ancien capitaine, rue Saint-Marcel, n. 34.
Robert, contrôleur des contrib.ns indirectes, rue des Capucins, n. 12.
Robert, médecin, rue Tête-d'Or, n. 24.
Robert, tanneur, rue Saulnerie, n. 17.
Robert, orfèvre, rue Fournirue, n. 34.
Robert, chandelier, rue Saint-Arnould, n. 1.
Robert, serrurier, rue de la Princerie, n. 13.
Robert-Sido, bijoutier, rue Fournirue, n. 34.
Robinet, propriétaire, rue Plat-d'Étain, n. 9.
Robinet père, propriétaire, place Saint-Louis, n. 40.
Robinet fils, chaudronnier, place Saint-Louis, n. 40.
Robinet, vinaigrier, rempart des Allemands.
Robinet de Cléry, conseiller à la Cour, rue des Trois-Boulangers, n. 2.
Rochemont, contrôleur d'armes, rue de la Princerie, n. 1.

Rogelet père, directeur du télégraphe, au Palais de justice.
Rogelet fils, inspecteur du télégraphe, au Palais de justice.
Roger, greffier de la Cour royale, rue des Prêcheresses, n. 16.
Roget, notaire, rue Saint-Louis, n. 1.
Roger De Chiny (demoiselles), rue des Prisons-Militaires.
Rogerddehing, rentier, place Saint-Martin.
Rolet, négociant, rue des Trinitaires, n. 2.
Rolland, contrôleur principal, rue des Parmentiers, n. 10.
Rolland (Adolphe), avocat, rue aux Ours, n. 10.
Rolland (Prosper), garde à cheval des forêts, rue aux Ours, n. 10.
Rolland (F.-O.-Aug.), rentier, rue aux Ours, n. 18.
Rollin, notaire, rue aux Ours, n. 3.
Rollin, receveur de l'enregistrement, rue des Capucins, n. 12.
Romécourt (De), conseiller, rue des Parmentiers.
Ronfort, coiffeur, rue du Faisan, n. 10.
Rosel père, propriétaire, rue du Pont-des Roches, n. 2.
Roselle, négociant, place Mazelle, n. 36.
Rossignol fils, commis-greffier, place Chappé, n. 14.
Roth (De), capitaine en non-activité, rue du Grand-Wad, n. 2.
Roubault, tailleur d'habits, rue du Faisan, n. 7.
Roussel, pharmacien, rue Tête-d'Or, n. 10.
Rousselot, ⁂, ⁂, maréchal de camp retraité, rue des Clercs.
Rousselot père, greffier du juge de paix du 2.e arrondissement, rue Coislin, n. 12.
Rouyer père, rentier, rue du Pontifroy, n. 51.
Rouyer (M.me veuve), rentière, rue des Trinitaires.
Royer, marchand de vins, rue de la Vignotte, n. 3.
Rozaire (Pierre), propriétaire, rue Vieille-Boucherie, n. 13.
Rozaire (Nicolas), tapissier, rue Vieille-Boucherie, n. 13.
Rozière (comte De), rentier, place Mazelle, n. 50.
Rugy, propriétaire, rue des Trinitaires, n. 14.
Rupert, vicaire de Saint-Martin, place Saint-Martin, n. 10.
Rupied, conseiller à la Cour, place de Chambre, n. 25.

S.

Saar, ⁂, capitaine retraité, rue des Capucins, n. 7.
Sabathier, marchand de fer, rue Saint-Eucaire, n. 10.
Sabatier, maréchal de camp du génie, rue de la Garde.
Saget (Ch.), rentier, rue du Palais, n 21.
Saget (M.me veuve), propriétaire, rue des Clercs.
Saget (M.me veuve), propriétaire, rue Saint-Marcel.
Sainsère, ⁂, proviseur, au Collége royal.
Saint-Blaise, propriétaire, rue des Trinitaires, n. 3.
Saint-Blaise (M.elle), rentière, rue des Prisons-Militaires.

Saint-Martin (De), chef de bureau aux ponts et chaussées, rue Vincentrue, n. 7.
Saint-Paul, vinaigrier-distillateur, rue du Pont-à-Seille, n. 11.
Saint-Paul, marchand d'étoffes, place Saint-Louis, n. 37.
Salle, magasinier, place de Chambre, n. 47.
Salle (De), propriétaire, rue des Récollets.
Salle (M.me veuve de), rentière, à la Visitation.
Salle de Berg (M.me de), rue de l'Esplanade.
Salmon, marchand de vins en gros, rue Mazelle, n. 49.
Salmon fils, marchand de vins, rue Mazelle, n. 49.
Salomon, marchand de bestiaux, rue de l'Arsenal, n. 86.
Sanson, officier retraité, rue Chaplerue, n. 20.
Sarazin (De), rentier, rue de la Garde, n. 4.
Sarre, rentier, rue Vigne-Saint-Avold, n. 51.
Sarron, contrôleur à la poste aux lettres, rue Tête-d'Or, n. 3.
Sartor, menuisier, rue des Allemands, n. 10.
Saulnier, officier retraité, rue du Moyen-Pont, n. 11.
Saulnier, ⁂, cafetier, place de Chambre, n. 9.
Sauce, chanoine, place Sainte-Glossinde, n. 13.
Saullet, ancien commissaire des guerres, rue Mazelle, n. 69.
Sauvage, rentier, rue des Bénédictins, n. 16.
Sauvage, commis à la poste aux lettres, r. des Prisons-Militaires, n. 7.
Sauvage (M.me), rentière, rue des Bénédictins.
Savart, mécanicien, rue aux Ours, n. 7.
Savart fils, ⁂, capitaine du génie, rue Sous-Saint-Arnould.
Savouret, rentier, rue des Clercs, n. 8.
Schaub (Jean), officier pensionné, interprète à la Cour d'assises, rue Pierre-Hardie, n. 3.
Schelinguer, chef d'escadron retraité, rue Saint-Marcel, n. 15.
Schelle, ⁂, O. ⁂, maréchal de camp d'artillerie retraité, rue des Bénédictins, n. 2.
Schivre, agent de police, rue Coislin, n. 10.
Schmit, cordonnier, rue de la Paix, n. 4.
Schneider, professeur, place Saint-Etienne, n. 12.
Schreibert, O. ⁂, mar.al de camp retraité, place de Chambre, n. 37.
Schuster, confiseur, rue Tête-d'Or, n. 27.
Schuster, garde du génie, à la Citadelle.
Schwab, rentier, place de Chambre, n. 47.
Schwabe, fabricant de flanelles, place Croix-outre-Moselle, n. 18.
Schwabe jeune, négociant, place de la Cathédrale.
Schwartz, coiffeur, rue Fournirue, n. 30.
Scico, O. ⁂, chef de bataillon retraité, pont Saint-Georges, n. 14.
Scoutetten, médecin, rue Boucherie-Saint-Georges, n. 16.
Séchehaye, juge de paix, rue des Pères-Saint-Georges, n. 3.
Séchehaye fils, avocat, rue des Pères-Saint-Georges, n. 3.

Second (Mme), lingère, rue des Clercs, n. 3.
Segond, O. ✠, lieutenant-colonel en retraite, rue des Parmentiers, n. 15.
Semellé (Mme veuve), entrepôt des Tabacs, rue du Palais, n. 21.
Sendret, corroyeur, rue Vincentrue, n. 29.
Senequier, capitaine retraité, place Saint-Jacques, n. 28.
Séon, contrôleur des impositions indirectes, rue des Capucins, n. 2.
Sergent, contrôleur des contributions directes, place Sainte-Croix, n. 8.
Serot, employé des contributions indirectes, rue des Jardins, n. 36.
Sérot, vérificateur des poids et mesures, rue de la Crête, n. 25.
Sérot fils, avocat, rue de la Crête, n. 25.
Sessière, rentier, place des Maréchaux, n. 17.
Sevin, ✠, chef de bataillon retraité, rue de la Chèvre, n. 46.
Sibon, rentier, rue de la Fonderie, n. 1.
Sidot, pharmacien, rue Boucherie-Saint-Georges, n. 4.
Siebéneck, pâtissier, rue de la Chèvre, n. 36.
Siégmundt, peintre en bâtiment, rue Sainte-Marie, n. 24.
Silly, inspecteur de la voirie, rue des Clairveaux.
Simon, chanoine, rue Chèvremont.
Simon (F.-G.), ✠, banquier, rue Pierre-Hardie, n. 24.
Simon fils, banquier, rue Pierre-Hardie, n. 24.
Simon (Mathieu), banquier, rue du Héaume, n. 10.
Simon (Laurent), négociant, rue de la Crête, n. 23.
Simon, propriétaire, rue des Bénédictins.
Simon, pépiniériste, rue d'Asfeld, n. 8.
Simon, avocat, rue d'Asfeld, n. 8.
Simon (Louis), huilier, rue du Change, n. 20.
Simon (Jean), commissionnaire, rue d'Eltz, n. 4.
Simon, marchand grainetier, rue du Moyen-Pont, n. 3.
Simon, tanneur, rue Saulnerie, n. 29.
Simon (Dominique), pépiniériste, rue des Allemands, n. 74.
Simon (Nicolas), pépiniériste, rue des Allemands, n. 90.
Simon, secrétaire de la ville, à l'Hôtel-de-Ville, n. 1.
Simon fils, chirurgien, à l'Hôtel-de-Ville, n. 1.
Simon, maître de langue allemande, rue de la Fontaine, n. 11.
Simon, bijoutier, rue du Porte-Enseigne.
Simon, médecin, rue Mazelle, n. 50.
Simon (Louis-Nicolas), propriétaire, rue Saint-Clément, n. 1.
Simonot, ✠, officier retraité, rue du Champé, n. 46.
Simony, avocat, rue Saint-Louis, n. 7.
Sinoretty, ✠, lieutenant-colonel retraité, rue du Heaume, n. 3.
Sindic père, boulanger, pont des Roches, n. 1.
Sohier de Gand, ✠, ✠, major de place, place de l'Hôtel-de-Ville, n. 2.

Soleyrol aîné, ⁂, capitaine du génie, rue des Clercs, n. 38.
Soleyrol jeune, ⁂, capitaine du génie, place Sainte-Glossinde, n. 6.
Sotiau, fourbisseur, rue des Jardins, n. 7.
Souiet, ⁂, ancien capitaine de cuirassiers, rue Nexirue, n. 1.
Soulié, professeur au Collége, rue de la Haie.
Souris, maréchal-ferrant, rue du Pontifroy, n. 84.
Soye (Le baron), ⁂, ⁂, maréchal de camp, lieutenant de roi, rue des Parmentiers, n. 2.
Spenel, lieutenant-colonel en retraite, rue de l'Esplanade, n. 8.
Spiégel, capitaine retraité, rue Saint-Eucaire.
Spol, propriétaire, rue du Porte-Enseigne, n. 14.
Starck, capitaine retraité, rue des Bénédictins, n. 5.
Steffe (J.-D.), propriétaire, rue du Pontifroy, n. 100.
Steffe (Nicolas), boulanger, rue du Pontifroy, n. 100.
Stefen, O. ⁂, chef d'escadron retraité, quai Saint-Pierre, n. 17.
Stein, chirurgien-accoucheur, place de Chambre, n. 9.
Stein, liquoriste, rue Saint-Marcel, n. 1.
Stein, capitaine retraité, rue Vigne-Saint-Avold, n. 45.
Stemper, épicier, place de Chambre, n. 3.
Stéphanie, rentier, rue Sainte-Marie, n 7.
Stock-Gury, lampiste, rue du Palais, n 12.
Stoffels (Pierre), propriétaire, rue de l'Esplanade, n. 2.
Stoffels (Charles), contrôleur en chef de l'octroi, rue Saint-Marcel, n. 30.
Stoffel (Eugène), receveur de la ville, rue Saint-Marcel, n. 30.
Stolz, confiseur, rue du Petit-Paris, n. 13.
Stourm, ⁂, président à la Cour, rue Fournirue, n. 30.
Strault, ⁂, officier retraité, place Saint-Louis, n. 8.
Sturel, entrepreneur de bâtiment, rempart Saint-Thiébault, n. 8.
Sturel, serrurier, rue des Allemands, n. 11.
Subtil, mécanicien, rue de la Princerie, n. 15.
Suby, rentier, rue des Clercs, n 13.
Sudan, capitaine retraité, rue du Faisan, n. 2.
Suleau (V.[te] de), préfet, à l'hôtel de la Préfecture.
Szopowiez, officier du génie polonais et interprète, rue du Marché-Couvert, n. 4.

T.

Tailleur, officier retraité, rue des Capucins, n. 7.
Taison, propriétaire, place de Chambre, n. 15.
Taisson, ⁂, receveur de loterie, rue Fournirue, n. 12.
Talbot, propriétaire, rue du Lancieu.
Tardieu, officier retraité, place Saint-Louis, n. 42.

Tardif, ⁂, ⁂, capitaine d'artillerie, rue Haute-Pierre, n. 3.
Tartarin, capitaine retraité, place Saint-Louis, n. 37.
Tavernier, professeur à l'école d'artillerie et du génie, rue des Parmentiers.
Tchudy, propriétaire, rue des Parmentiers.
Teissier, ancien fondeur, place Saint-Louis, n. 10.
Tellier, ⁂, officier pensionné, place du Quarteau, n. 36.
Terlette, ⁂, capitaine retraité, rue des Allemands, n. 35.
Terquem père, négociant, rue de l'Arsenal, n. 39.
Terquem fils, pharmacien, rue des Jardins, n. 10.
Terquem (Auguste), magasinier, place Saint-Jacques, n. 32.
Terquem (Lazard), médecin, quai Saint-Pierre, n. 21.
Tétard, ⁂, capitaine du génie retraité, rue des Jardins, n. 8.
Thémines (Le comte de), membre du conseil général du département, rue des Clairveaux, n. 8.
Thémines (M.me veuve de), propriétaire, rue Chaplerue.
Théron, capitaine adjudant de place, à Saint-Simon, au Fort.
Theurel, ⁂, capitaine retraité, rue des Allemands, n. 98.
Thevenin dit Robert, chef de bataillon retraité, rue des Grands-Carmes, n. 5.
Thez, horloger, rue Petite-Boucherie, n. 1.
Thibiat, vicaire général, rue d'Asfeld, au grand Séminaire.
Thiébault, huilier, place des Charrons, n. 7.
Thiébault, propriétaire, rue Chaplerue, n. 10.
Thiel, professeur, rue du Palais.
Thiel (M.me veuve), libraire, rue du Palais.
Thiéry, rentier, rue de la Cathédrale, n. 1.
Thiriet, aumônier à l'hôpital Saint-Nicolas, place Saint-Nicolas, n. 2.
Thirion, substitut du procureur général, rue Jurue, n. 19.
Thirion, lieutenant général retraité, rue des Clercs, n. 2.
Thirion, capitaine de la garde royale, rue de la Fonderie.
Thirion, avocat, rue Saint-Marcel, n. 44.
Thirion (Nicolas), vinaigrier, rue Pont-à-Seille, n. 7.
Thirion, rentier, place Saint-Louis, n. 32.
Thirion (M.me veuve), propriétaire, rue de la Fonderie.
Thirion-Laure, marchand de bois et planches, place Chapelotte, n. 34.
Thiriot fils, pépiniériste, rue des Allemands, n. 2.
Thiriot, propriétaire, place du Pont-des-Morts, n. 18.
Thiry, serrurier de la ville, rue des Clairveaux.
Thiry, officier de gendarmerie retraité, rue aux Ours, n. 10.
Thomas, employé à la préfecture, rue Serpenoise, n. 19.
Thomas, pharmacien, place de l'Hôtel-de-Ville, n. 1.
Thomas, libraire, rue des Jardins, n. 19.

Thomas dit Collignon, musicien, place de Chambre, n. 22.
Thomas (M.lle), maîtresse de pension, rue de la Chèvre.
Thomassin dit Camille, passementier, place de l'Hôtel-de-Ville, n. 18.
Thonon, drapier, rue Chambière, n. 16.
Thorelle, au café Kléber, rue des Allemands, n. 51.
Thorn, rentier, rue Chambière, n. 6.
Thorn, conseiller à la Cour, rue du Porte-Enseigne, n. 5.
Thorn (M.me), brasseuse, rue Chambière, n. 10.
Thouvenain, menuisier, place Saint-Etienne, n. 10.
Thouvenain, serrurier, place de Chambre, n. 10.
Tinette, O. ✠, chef de bataillon retraité, place Saint-Simplice, n. 24.
Tinturier, officier retraité, rue Serpenoise, n. 9.
Tissot, lieutenant-colonel retraité, place Saint-Jacques, n. 28.
Toussaint, brasseur, rue du Grand-Cerf, n. 5.
Toussaint, graveur, rue Fournirue, n. 20.
Toussaint, passementier, rue du Petit-Paris, n. 12.
Toussaint, avocat, rue de la Bonne-Ruelle, n. 8.
Toussaint, agent de change, rue du Heaume, n. 12.
Toussaint, propriétaire, rue du Heaume.
Toussaint, avoué, rue des Antonistes, n. 1.
Toussaint, vinaigrier, rue des Allemands, n. 27.
Toussaint, tourneur en bois, rue Taison, n. 25.
Toussaint, vinaigrier, rue Tête-d'Or, n. 31.
Toussaint, boulanger, place Saint-Jacques, n. 26.
Tranchard, garde d'artillerie, à la Citadelle.
Trayer, ✠, capitaine retraité, place Mazelle, n. 42.
Turlur (De Velcour), officier retraité, rue du Lancieu, n. 1.
Turmel (De), ✠, O. ✠, maire de la ville de Metz et payeur de la guerre, place Saint-Martin, n. 9.
Turmel (De), avocat du Roi, place Saint-Martin, n. 9.

V.

Vagner, bottier, place Croix-outre-Moselle, n. 23.
Vahu, ancien officier de santé, rue des Clairveaux, n. 15.
Vaillant, employé à la mairie, place de la Comédie, n. 6.
Valdbock, chanoine, rue Nexirue, n. 1.
Valette (Claude), ✠, ancien capitaine, rue d'Asfeld, n. 8.
Valette, avocat, place des Charrons, n. 6.
Valette, négociant, place des Charrons, n. 6.
Valette, rentier, rue des Clercs, n. 88.
Valette (M.me veuve), rentière, rue des Clercs, n. 88.

Vallière, épicier, rue Fournirue, n. 69.
Valot, capitaine pensionné, place Saint-Thiébault, n. 28.
Valser, professeur de musique, rue des Parmentiers, n. 12.
Van Berchem, ancien receveur des contributions.
Variot, employé à la préfecture, rue des Parmentiers, n. 5.
Vatier, boulanger, rue Taison, n. 12.
Vatrain (Pierre), boucher, rue du Pont-des-Morts, n. 23.
Vatrin, 1.er commis à la recette générale, rue des Augustins, n. 4.
Vaultrin, ancien conseiller à la Cour, rue d'Asfeld, n. 2.
Vautrin, marchand épicier, place Saint-Louis, n. 8.
Vautrin, boucher, rue du Grand-Cerf, n. 8.
Veber, loueur de chevaux, place de Chambre, n. 20.
Vébert, rentier, rue du Champé, n. 48.
Vécho, teinturier, place des Charrons, n. 2.
Vendale, propriétaire, rue des Allemands, n. 8.
Veudernoot, architecte, rue du Marché-Couvert, n. 4.
Venger, ingénieur des ponts et chaussées, rue Serpenoise, n. 19.
Vernenal, vicaire à Saint-Maximin, rue Mazelle, n. 69.
Vernéville (M.me veuve de), propriétaire, rue des Clairvcaux, n. 8.
Verronnais, imprimeur-libraire, place de l'Hôtel-de-Ville, n. 3.
Verry, drapier, rue Saint-Clément, n. 20.
Vesco, O. ✻, chef de bataillon, rue Sainte-Marie, n. 8.
Vevert, bijoutier, rue des Petites-Tappes.
Viard, commissionnaire de roulage, rue d'Eltz, n. 18.
Viardot, marchand épicier, rue Taison, n. 31.
Vibert, officier retraité, rue du Pontifroy, n. 58.
Vidallian (De), rentier, rue des Clercs, n. 27.
Vienne, ancien officier, rue Mazelle, n. 71.
Villatte (Le comte), G. ✻, G. C. ✻, lieutenant général commandant la division, rue de la Princerie, n. 8.
Villatte (François), ✻, O. ✻, colonel d'état-major, rue de la Princerie, n. 8.
Villaume dit Longchamp, huissier, rue Fontaine-S.t-Jacques, n. 2.
Villecour, propriétaire, rue du Lancieu, n. 8.
Villemoy, serrurier, rue Chambière, n. 30.
Villeneuve, ✻, ✻, capitaine retraité, rue de la Haie, n. 9.
Vilminot, officier retraité, rue Basse-Seille.
Vincent, coiffeur, rue des Jardins, n. 18.
Vincent, sous-bibliothécaire à S.t-Arnould, rue aux Ours, n. 7.
Vion, cafetier, rue du Lancieu, n. 2.
Virlet-Forfert, négociant, place Saint-Louis, n. 54.
Virveaux, conseiller à la Cour, rue du Lancieu, n. 11.
Vital, officier retraité, rue Vincentrue, n. 26.
Vitar, ✻, capitaine pensionné, caissier à l'arsenal du génie, place Saint-Thiébault, n. 30.

Viterne père, commis-greffier, au Palais de justice.
Viterne fils, commis-greffier, rue des Prêcheresses, n. 24.
Vitoux, propriétaire, rue des Bons-Enfans, n. 4.
Vitry, ✻, capitaine du génie retraité. rue sous S.t-Arnould, n. 5.
Vivien, avocat, rempart Saint-Marcel, n. 34.
Vivien fils, rentier, rempart Saint-Marcel, n. 34.
Viville, ✻, (De), secrétaire général de la préfecture, rue Mazelle, n. 61.
Viville fils (De), directeur du mont-de-piété, rue Mazelle, n. 61.
Viville (Adrien de), secrétaire des hospices, place des Charrons, n. 12 et 16.
Vogein, épicier, rue Pierre-Hardie, n. 5.
Voirgard, propriétaire, rue du Pont-des-Morts, n. 25.
Voisage, faïencier, place Saint-Jacques, n 8.
Vuillaume, O. ✻, chirurgien en chef, à l'Hôpital militaire.

W.

Waguener, tanneur, rue Saulnerie, n. 33.
Waldmann, épicier, rue du Pont-Moreau, n. 4.
Walter, fabricant de velours, rue de la Haie, n. 8.
Wathier, rentier, rue Mazelle, n. 5.
Wathier, officier pensionné, rue Mazelle, n. 48.
Watier, commissaire-priseur, rue Fournirue, n. 20.
Watrain (J.-N.), négociant, rue Mazelle, n. 36.
Watrin père, négociant, place Saint-Louis, n. 34.
Watrin (Léon), artiste-vétérinaire, place Saint-Louis, n. 34.
Watrin (Jean-Nicolas), géomètre, place Saint-Louis, n. 34.
Wargnier, graveur sur bois, rue des Clercs, n. 3.
Weil (Lazard), rentier, quai de l'Arsenal, n. 13.
Weis dit Leblanc, employé à l'école du génie, rue Serpenoise, n. 21.
Welter, tailleur, rue du Change, n. 6.
Wenger, ingénieur des ponts et chaussées, place Royale, n. 8.
Westermann, artiste-vétérinaire, rue Mazelle, n. 8.
Weylande père, conducteur des ponts et chaussées, rue du Pont-Saint-Georges, n. 16.
Villeroi, rentier, rue de l'Esplanade, n. 4.
Willotte, confiseur, rue Fournirue, n. 56.
Winsbach, pharmacien, place du Pont-Sailly, n. 3.
Winteroll, tourneur en pipes, rue Fournirue, n. 21.
Wittersheim l'aîné, grand-rabbin, quai de l'Arsenal, n. 11.
Wittersheim (Hippolite), rentier, quai de l'Arsenal, n. 11.
Woirgard, épicier, rue Sainte-Marie, n. 11.
Woirhaye père, chandelier, rue du Pontifroy, n. 2.
Woirhaye, avocat, rue des Clercs, n. 17.

Woirhaye, chanoine, rue de la Haute-Pierre, n. 8.
Woirhaye, avoué, rue des Murs, n. 8.
Woirhaye, directeur de la compagnie française du Phénix, rue Chêvremont, n. 6.
Woirhaye, employé à l'octroi, place de la Comédie, n. 5.
Wolff (Nicolas), propriétaire, place Saint-Simplice, n. 22.
Wolmerange, propriétaire, rue Goussaud, n. 8.
Worms (Aaron), rabbin, rue de l'Arsenal, n. 83.
Worms, pharmacien, rue Sainte-Marie, n. 20.
Worms, marchand d'étoffes, rue Fournirue, n. 13.
Worms (Siméon), rentier, rue de la Chêvre, n. 1.
Worms-Lyon, négociant, place de la Cathédrale, n. 45.
Wouters (M.me), maîtresse de pension, rue Chêvremont, n. 20.

BIBLIOTHÈQUE ROYALE

Y.

Yaer, rentier, place de Chambre, n. 23.
Yaugre, serrurier, rue Coupe-Ranzières, n. 5.

Z.

Zagu, rentier, rue Sainte-Marie, n. 20.
Zwieffel, capitaine retraité, rue des Clercs, n. 40.

Avis. M. Verronnais prie les Personnes dont les noms seraient mal orthographiés, ou qui auraient changé de domicile, de lui en donner avis, afin qu'il puisse faire les corrections.

SE VEND A METZ,

Chez Verronnais, Imprimeur-Libraire, place de l'Hôtel-de-Ville.

www.ingramcontent.com/pod-product-compliance
Lightning Source LLC
LaVergne TN
LVHW011959160826
845678LV00002B/629

* 9 7 8 2 3 2 9 6 7 7 4 6 0 *